EIN BUCH SCHREIBEN: SCHRITT FÜR SCHRITT ZUM AUTOR WERDEN

2. Auflage, 03/2016

ISBN: 1494922924

ISBN-13: 978-1494922924

Autoren

Robert Bach

& Fabian Walden

Herausgeber

Fabian Walden

C/ Illes Balears 111

07014 Palma

Verlag

CreateSpace Independent Publishing Platform

Druck

Amazon Distribution GmbH, Leipzig

INHALTSVERZEICHNIS

Vorwort

Bis zu meinem zwanzigsten Lebensjahr war mir nicht bewusst, dass Schreiben Spaß machen kann. Das ist seltsam, denn schon zu Grundschulzeiten hatte ich begonnen, mit Begeisterung Bücher zu verschlingen, ich malte mir – wie wohl jedes Kind bis zu einem gewissen Alter – fantasievolle Geschichten in meinem Kopf aus, aber ich brachte sie nie auf Papier.

Denn Schreiben, so wie es mir in der Schule beigebracht worden war, bedeutete Anstrengung und Arbeit: Kaum hatte ich Blockschrift und Buchstaben erlernt, ging es gleich mit der Schreibschrift weiter, dann folgten vor allem Rechtschreibung und Grammatik, die in langweiligen Diktaten abgefragt wurden, nur um auf dem Gymnasium nahezu unmittelbar in die Textanalyse überzugehen.

Kreatives Schreiben an deutschen Schulen? Die absolute Ausnahme. Woher hätte ich also wissen können, dass Schreiben nicht nur Spaß machen, sondern sogar Perspektive und Beruf darstellen kann?

Doch selbst mit zwanzig, als nun zumindest juristisch Erwachsener, stellte sich mir die Frage: Wie um alles in der Welt lernt man kreatives Schreiben? Das Internet gab es da zwar schon, es war jedoch im Vergleich zu heute noch ein Dorf, die Bedeutung des Wortes „Blog“ unbekannt, auch Wikipedia kein Begriff und so fand ich bei einer schnellen Suche nur ein paar wenig erhellende englische Seiten. Der Besuch meiner örtlichen Buchhandlung war kaum ergiebiger, ich entdeckte nicht mehr als zwei Bücher über das Schreiben, die jedoch eher theoretischer Natur waren und sich mit ihrer Sprache nicht an mich zu richten schienen.

Und eine Ausbildung oder gar ein Studium zum Autor? So gut wie undenkbar. Was auch immer man von dem Bildungssystem der USA halten mag, dort bieten unzählige Schulen, Colleges und Universitäten Kurse über das kreative Schreiben an, überhaupt genießt die Kunst der Unterhaltung einen weitaus höheren Stellenwert – vom Schultheater über Sport-Events bis hin zur Schauspielerei.

Bei uns hingegen wirken Kreativität und Unterhaltung, Kunst überhaupt, fast verpönt – und das nicht nur an Schulen, sondern auch danach: „Sie sind also Autor? Und was machen Sie hauptberuflich?", ist eine nicht selten gehörte Frage, was den traurig niedrigen Stellenwert von Schriftstellern und Künstlern in unserer Gesellschaft zeigt, obwohl nahezu jeder irgendeine Form von Unterhaltung genießt, Filme, TV-Serien, Bücher oder Videospiele zu seinen liebsten Hobbys zählt.

Für mich führte der Einstieg ins Autorenleben über den Journalismus, vermutlich nicht weniger verpönt, aber zumindest als „echter" Beruf einen Tick stärker akzeptiert als die Schriftstellerei, und ich arbeitete mich langsam von den Fakten weg hin zur Fiktion, indem ich mir alles entweder aus dutzenden Quellen zusammensuchte oder aber es mir durch die Analyse fremder Werke in gewisser Weise selbst beibrachte.

Und irgendwann in dieser Zeit fasste ich den Entschluss, es anderen angehenden Autoren leichter machen zu wollen, egal, ob sie achtzehn oder achtundsechzig Jahre alt sein mögen. Mit einem praktischen Handbuch, das nicht nur die Theorie des kreativen Schreibens beleuchtet, sondern Sie Schritt für Schritt auf dem Weg zum eigenen Buch oder Drehbuch an die Hand nimmt, Sie begleitet und Ihnen konkrete Ziele, Aufgaben und Denkanstöße gibt.

Das Ihnen nicht verspricht, dass Sie in dreißig Tagen den Roman Ihres Leben schreiben werden – das ist utopisch –, aber das Ihnen genug Anregungen gibt, um in einem Zeitraum von vielleicht drei bis vier Monaten zu einer gelungenen, runden Geschichte zu kommen.

Warum ausgerechnet drei bis vier Monate? Arbeiten manche Autoren nicht jahrelang an Ihrem ersten Roman? Und gibt es nicht Autoren, denen es gelingt, ein Buch in bloß ein paar Wochen runterzuschreiben? Zweifellos, die gibt es. Aber drei bis vier intensiv genutzte Monate sind ein sehr guter Zeitraum für Einsteiger und das aus gleich mehreren Gründen.

Wenn Sie sich „unendlich" Zeit für Ihr Buch lassen, ist es ein Leichtes, nie wirklich anzufangen. Wenn Sie immer und immer weiter überlegen, werden Ihnen immer neue Ideen kommen und Sie werden feststellen, dass neue Ideen grundsätzlich besser klingen als alte, das liegt schlichtweg in der Natur der Sache.

Legen Sie sich hingegen vorab auf einen begrenzten Zeitraum fest und setzen sich eine Art Deadline, dann gibt es irgendwann einen Punkt, an dem Sie sagen müssen: Genug, ich fange jetzt an! Zugleich haben Sie ein recht nahes und konkretes Ziel vor Augen, was der häufig nachlassende Motivation, euphemistisch oft als Writer's Block oder Schreibblockade umschrieben, entgegenwirkt.

Vor allem aber sind diese drei bis vier Monate schlicht und ergreifend genügend Zeit, um eine gute Geschichte und interessante Figuren zunächst in Ihrem Kopf entstehen zu lassen, dann „sortiert" auf Papier zu bringen und das Ganze zum Schluss sogar noch zu überarbeiten, um ein wirklich rundes Ergebnis zu erzielen.

Dieses Werk richtet sich dabei sowohl an Roman- als auch an Drehbuchautoren, weil die Grundlagen einer gut und spannend erzählten Geschichte sich zwischen Büchern und Filmen nicht wesentlich unterscheiden; gibt es Unterschiede, werden sie aber natürlich gesondert angesprochen.

Darüber hinaus erwähnt dieses Buch hin und wieder Beispiele, um einzelne Punkte zu erläutern, wobei es vorrangig auf Filme oder sehr bekannte Buchreihen zurückgreift – aus dem simplen Grund, dass ein höherer Bekanntheitsgrad dafür sorgt, dass die Beispiele von möglichst vielen Lesern sofort nachvollzogen werden können.

Und jetzt zur Frage, die Ihnen wahrscheinlich schon über die letzten Absätze hinweg im Kopf herumspukt: „Was genau bedeutet 'drei bis vier intensiv genutzte Monate?' Wie viel Zeit muss ich wirklich investieren?“ Ich könnte es mir einfach machen und die Frage mit „Das hängt ganz von Ihnen und Ihrem Arbeitstempo ab“ beantworten, aber ich will es natürlich nicht mir einfach machen, sondern Ihnen.

Also: Über das erste Drittel dieses Zeitraums hinweg sammeln Sie Ideen und versuchen die Prämisse, die Ihnen vielleicht schon vorschwebt oder die Sie zu Beginn erarbeiten, in eine spannende Geschichte mit faszinierenden Figuren umzusetzen.

Hier lassen Sie Ihren Gedanken freien Lauf und probieren dabei verschiedene Techniken des Brainstormings sowie der Charakterentwicklung aus, um basierend auf den etablierten Storystrukturen die Grundlage für einen Roman oder ein Drehbuch zu entwerfen. Das kann fünf Minuten oder fünf Stunden pro Tag in Anspruch nehmen, üblicherweise reichen **gut zwei Stunden täglich** im Schnitt jedoch vollkommen aus.

Die letzten Tage des ersten Drittels verbringen Sie damit, die nun gesammelten Notizen und Gedanken einmal sauber in Form einer Outline auf Papier zu bringen. Dabei geht es in erster Linie darum, die innere Logik der Story sowie Tempo und Spannungsbogen auf Herz und Nieren zu prüfen, unnötige Überbleibsel aus dem Brainstorming zu streichen und sich einen Überblick über die Geschichte zu verschaffen.

Im zweiten Drittel schreiben Sie Ihr Buch oder Drehbuch. Bei einem Drehbuch bedeutet das in dem angesprochenen Zeitrahmen etwa zwei Seiten am Tag, was am unteren Limit liegt und nicht mehr als jeweils ein, zwei Stunden in Anspruch nehmen sollte, bei einem durchschnittlichen Buch sind etwa 1500 bis 2000 Wörter angesagt, was je nach Schreibtempo in meistens in zwei bis maximal drei Stunden zu bewältigen ist.

Das letzte Drittel schließlich verbringen Sie damit, Ihren ersten Entwurf in mehreren Durchgängen zu überarbeiten, indem Sie zum einen Unnötiges streichen, zum anderen alle Schwächen sowie Logiklücken korrigieren, um die Geschichte dann Verlagen oder Produzenten vorzeigen zu können.

Ob Sie absoluter Anfänger sind oder die Grundlagen des kreativen Schreibens bereits beherrschen, spielt dabei keine Rolle: Das Resultat mag ein anderes sein, doch der Weg dorthin ist der gleiche.

Und nebenbei werden wir immer das im Hinterkopf behalten, was ich als Zwanzigjähriger erst mühsam herausfinden musste: Schreiben macht Spaß.

Lassen Sie es uns gemeinsam beweisen!

Robert Bach, März 2016

Begriffserklärungen

Im Laufe dieses Buches tauchen einige Begriffe immer wieder auf, die vielen angehenden Autoren bereits bekannt sein werden, anderen jedoch noch fremd sein mögen. Um erstere nicht zu langweilen und letztere nicht zu verwirren, wollen wir an dieser Stelle vorab kurz die wichtigsten Begriffe erklären, die Ihnen im Folgenden begegnen werden und sich womöglich nicht von selbst erschließen.

Charakter und Figur: Üblicherweise bezeichnet man die handelnden Figuren in einer Geschichte als „Charaktere", was verwirrend werden kann, sobald man auch über den Charakter eines Charakters spricht. In diesem Buch findet daher auch die Bezeichnung „Figur" Verwendung, die aber das Gleiche meint.

Exposition: Ein zusammenfassender Begriff für Erläuterungen und die direkte Weitergabe von Informationen an den Leser. Dabei kann es sich um Informationen über Figuren, Orte und Taten sowie Konflikte in der Vergangenheit, Gegenwart und Zukunft handeln, die der Leser benötigt, um die Geschichte zu verstehen. Vor allem im Krimigenre kommt der Exposition häufig ein hoher Stellenwert zu, wenn etwa Informationen über den Stand der Ermittlungen heruntergerasselt werden.

Foreshadowing: Im Grunde ein anderes Wort für Andeutungen. Kleine Worte oder Handlungen, die einen Ausblick auf den weiteren Verlauf des Plots oder das wahre Ich einer Figur geben, den aufmerksamen Leser eine Wendung mitunter schon im Voraus erahnen lassen.

Montage: In Filmen beziehungsweise Drehbüchern eine Aneinanderreihung von kurzen Szenen, häufig mit Musik unterlegt, um zum Beispiel eine langfristige Entwicklung verkürzt darzustellen oder um ein sich wiederholendes Verhaltensmuster in verschiedenen Situationen schnell zu zeigen.

Pacing: Vergleichbar mit „Erzähltempo", allerdings impliziert das Pacing auch immer den Blick auf eine gewisse Ausgewogenheit eben jenes Erzähltempos und betrachtet es in seiner Gesamtheit, oft über die komplette Geschichte hinweg. Anders formuliert: Ist das Erzähltempo mal zu hoch, mal zu langsam, dann spricht man allgemein von „Schwächen im Pacing".

Plot und Plotpunkte: Der Plot bezeichnet im Wesentlichen die Handlung der Geschichte eines Buchs oder Drehbuchs und setzt sich aus zahlreichen Plotpunkten zusammen. Plotpunkte sind die Elemente einer Geschichte, die selbige in eine neue Richtung lenken: Die Polizei findet eine Leiche, ein Verdächtiger flieht, eine Spur stellt sich als falsch heraus...

Show, don't tell: Wann immer möglich, sollten insbesondere Charakterzüge von Figuren nicht beschrieben, sondern gezeigt werden, da Beschreibungen weniger geschickt und vielmals behauptet wirken, aber nicht bewiesen. Anstatt zu schreiben „Daniel war ein Junge, der sich schnell angegriffen fühlte", zeigen und beweisen Sie es anhand eines Dialogs oder einer Handlung! Vor allem in Drehbücher ist das Pflicht.

Twist: Unter einem Twist versteht man grundsätzlich eine Wendung im Verlauf einer Geschichte, *der* Twist meint in der

Regel jedoch eine ganz besonders starke und überraschende Wendung, die über die Erwartungen und recht gewöhnliche Wendungen hinausgeht. „Twist“ kann allerdings auch eine Verdrehung bekannter Figuren und Plotelemente bezeichnen: Ein katholischer Pfarrer, der nicht an Gott glaubt, wäre zum Beispiel eine Figur mit einem kleinen Twist.

Geschichten unterteilen

Ein Buch besteht üblicherweise aus einigen dutzend Kapiteln, die Unterteilung können Sie jedoch frei und ohne feste Regeln vornehmen. Manche Autoren verwenden sehr viele Kapitel und lassen sie jeweils mit einem Cliffhanger, einem besonders spannenden Moment oder einer offenen Frage, enden. Andere beginnen selbst bei Wechseln des Ortes oder gar der Erzählperspektive kein neues Kapitel. Die Entscheidung darüber liegt in der Hand des Autors, es ist nicht viel mehr als eine Stilfrage, die allerdings konsequent beantwortet werden sollte.

Bei Drehbüchern und Filmen ist die Unterteilung klar: Das kleinste Element einer Geschichte ist eine Einstellung, ein Moment, der wiederum einem größeren Bild, einer Szene, angehört. Mehrere Szenen ergeben zusammen eine Sequenz, mehrere Sequenzen wiederum einen Akt. Mehrere Akte fügen sich zu einem Film zusammen. Zum Beispiel:

- **Einstellung:** Der Kommissar mustert eine Leiche.
- **Szene:** Der Kommissar mustert eine Leiche und untersucht sie.
- **Sequenz:** Der Kommissar nimmt die Ermittlungen auf, er untersucht den Tatort sowie die Leiche und befragt Zeugen.

- **Akt:** Der Kommissar nimmt die Ermittlungen auf, untersucht Leiche sowie Tatort und befragt erste Zeugen. Er stößt dabei auf eine Spur, die den Fall in eine ganz neue Richtung lenkt und ihn seine Bemühungen intensivieren lässt.

Eine Szene ist üblicherweise auf einen einzigen Schauplatz, beispielsweise den Tatort, begrenzt, während eine Einstellung nur einen kleinen Moment dieser Szene zeigt. Eine Sequenz ist eine zusammenhängende Abfolge mehrerer Szenen, in diesem Fall der ersten Ermittlungen. Auf den Akt schließlich werden wir später in der Plotstruktur genauer zu sprechen kommen.

Das Drehbuchformat

Wir wollen nicht viel Platz auf das Drehbuchformat verschwenden, da Ihnen ein Drehbuchprogramm wie Final Draft oder CeltX die Formatierung weitgehend abnimmt und Sie das Format am besten anhand von konkreten Beispielen erlernen können, die man online zur Genüge findet. (Mehr zur Software lesen Sie am Ende des Buchs im Kapitel „Das Handwerk des Schreibens".)

Deshalb nur kurz in Stichpunkten die wichtigsten Informationen bezüglich der Unterschiede zu einem Roman:

- Drehbücher werden immer im Präsens geschrieben, nie in der Vergangenheit.
- Drehbücher beschreiben Schauplätze und Handlung nicht ausführlich und ausgeschmückt wie in einem Buch, sondern erwähnen nur das Notwendigste, ohne dabei in eine zu blumige Sprache zu verfallen.

- Nicht jede kleine Handlung muss beschrieben werden, vieles können Sie auch Schauspielern und Regisseur überlassen. Details wie „Er lehnt sich beim Sprechen gegen die Wand“, sind in der Regel überflüssig.
- Überhaupt ist mit allen Regieanweisungen wie etwa „mit trauriger Stimme“ spärlich umzugehen.
- Wiederholungen sind bei Drehbüchern unbedingt zu vermeiden, das Erzähltempo ist wesentlich wichtiger und meistens höher als bei Romanen.

Falls Sie noch nie ein echtes Drehbuch gesehen haben, eine Szene im international üblichen Format sieht in etwa so aus:

KÜCHE – INNEN / TAG
Martin betritt die Küche, sieht BRITTA, 30, attraktiv, aber sich dessen nicht bewusst, bereits erwartungsvoll am zu perfekt gedeckten Frühstückstisch sitzen.

BRITTA
(lacht unsicher)
Ich dachte schon, Du isst
vielleicht kein Frühstück.

Martin mustert den Tisch als überlege er, ob nicht noch etwas fehlt. Er öffnet den Kühlschrank, blickt sich suchend darin um.

BRITTA
Ich wusste nicht, was Du alles brauchst...

Martin lässt seinen Blick schweifen – was könnte noch fehlen?

– und entscheidet sich für den Ketchup. Nimmt ihn heraus und setzt sich zu Britta an den Tisch.

BRITTA
Ketchup?!

MARTIN
Alles, nur nicht langweilig.

Die erste Zeile beschreibt den Schauplatz, groß geschrieben, hier nach dem Muster „ORT – INNEN ODER AUSSEN / TAGESZEIT". Als Tageszeit kommen im Grunde nur Tag und Nacht in Frage, Morgen oder Abend sind im Vergleich dazu sehr selten anzutreffen, da beim Dreh schwierig umzusetzen, schließlich müsste man dafür (sofern man echtes Licht verwendet) einen sehr kurzen Zeitraum genau abpassen.

Wechselt der Schauplatz, etwa vom Wohnzimmer in den Keller, beginnt damit in der Regel eine neue Szene und es bedarf einer neuen Überschrift. Wechselt der Schauplatz jedoch, ohne eine neue Szene zu beginnen, schließt das nächste Bild also unmittelbar an das vorherige an, wird dies mit einem ans Ende angehängten „WEITER" verdeutlicht, also etwa: „WOHNZIMMER – INNEN / TAG – WEITER".

Bei den folgenden Zeilen handelt es sich um Beschreibungen von Schauplatz, Figuren und Handlungen. Taucht eine Figur zum ersten Mal in diesem Drehbuch auf, wird ihr Name immer GROSS geschrieben und es kann eine kurze Beschreibung folgen, danach wird der Name normal geschrieben. In diesem Fall wäre also Martin bereits bekannt, BRITTA hingegen eine neue Figur.

Darauf folgen die Dialoge, die sich im Grunde von selbst erklären. In Klammern können **sparsam** kleine Anweisungen wie „(grinsend)“ oder „(Pause)“ angebracht werden.

Kameraeinstellungen, Schnitte und ähnliches sollte man in Drehbüchern in der Regel nicht aufführen. Will man die Sichtweise des Zuschauers beschreiben, greift man üblicherweise auf das „wir“ zurück, also: „Wir folgen Martins Blick... und sehen, dass Britta ihm heimlich Ketchup aufs Brot schmiert.“

Viel mehr gibt es über das Drehbuchformat nicht zu wissen. Lesen Sie, drei, vier Drehbücher – egal, ob auf Deutsch oder Englisch –, um ein Gespür für das Format zu entwickeln, den Rest übernimmt eines der besagten Drehbuchprogramme.

Tipp: Viele englische Drehbücher finden Sie kostenlos online auf www.dailyscript.com und www.simplyscripts.com. Dabei handelt es sich überwiegend um Beispiele, die entweder zu Lehrzwecken oder im Rahmen von Award-Shows veröffentlicht wurden. Deutsche Drehbücher trifft man im Netz leider kaum an, in Hinblick auf das Format ist die Sprache aber ohnehin nahezu belanglos.

Deutsche Drehbuchautoren nehmen es mit dem international üblichen Format zudem häufig nicht so genau; zu Gunsten der Leserlichkeit sollte man sich jedoch daran halten. Es gibt keinen guten Grund davon abzuweichen.

Der Weg zur Idee

Zur Sache! Wenn Sie Ihrem Lieblingsautor, egal ob von Büchern oder Drehbüchern, nur eine einzige Frage stellen könnten, welche wäre das? Wie er angefangen hat? Was er gelernt hat, um Schriftsteller zu werden? Warum er in einem Buch diese oder jene Entscheidung getroffen hat? Vielleicht.

Vielleicht ist es aber auch die Frage, die Autoren mit Abstand am häufigsten gestellt wird und auf die nur die wenigsten eine befriedigende Antwort geben können: die Frage nach der Inspiration.

Was ist Inspiration?

Woher kommen gute Idee? Was muss man tun, um auch so kreativ, so einfallsreich, so witzig oder so spannend schreiben zu können wie die besten Autoren der Welt? Ist es ein Talent, eine Veranlagung, die man mit in die Wiege gelegt bekommt? Ist es etwas, das man in seiner Kindheit lernt und als Erwachsener, wie so vieles anderes auch, kaum noch lernen kann?

Die meisten Autoren drücken sich gerne um eine Antwort auf diese Frage. Manche, weil sie schlichtweg nicht wissen, woher genau ihre Inspiration kommt; sie ist eben einfach manchmal da und manchmal auch nicht. Andere, weil sie gerne ein Geheimnis aus ihrer Arbeitsweise machen oder schlichtweg nicht sich selbst, sondern ihre Geschichten im Mittelpunkt sehen wollen. Und wieder andere antworten mit dem klassischen Satz: „Schreiben ist neunzig Prozent Arbeit, zehn Prozent Talent und fünf Prozent Mathematik.“ Oder so ähnlich. Keine dieser Antworten ist befriedigend und das hat seinen guten Grund – denn sie sind falsch.

Eine bessere Antwort ist diese hier:

„Inspiration" ist im Grunde nur ein anderes Wort für „Aufmerksamkeit".

Die sagenumwobene, mythische Inspiration, mit der manch ein Autor gesegnet scheint und um die andere ringen, ist nichts anderes als unsere eigene, ganz bewusste Wahrnehmung, die wir selbst steuern und kontrollieren können – was sowohl für Erleichterung sorgen als auch Ängste schüren mag.

Betrachten wir ein konkretes Beispiel: Auf der einen Seite haben wir einen angehenden Autor, der einen Großteil seiner Zeit zu Hause vor dem Computer verbringt. Er mag das von vielen Romanen und Filmen vermittelte Bild des einsamen, introvertierten Schriftstellers, der in seinem Büro oder Wohnzimmer sitzt, aus dem Fenster blickt und über Gott und die Welt sinniert. Er hat kaum Hobbys, gestaltet sein Leben passiv, ist Neuem gegenüber grundsätzlich unaufgeschlossen, mag Menschen im Grunde nicht so recht, liest und kommentiert Nachrichten stets zynisch und verlässt fast nur zum Einkaufen das Haus. Wenn er im Bus oder Zug sitzt, steckt er sich Knöpfe in die Ohren und hört Musik oder ein Hörbuch, um sich von der Welt da draußen abzuschotten. Er weiß durchaus viel über das Schreiben, schließlich hat er hunderte Bücher gelesen und tausende Filme gesehen, aber er hat zugleich das Gefühl, dass ihn nichts mehr so recht interessiert, auch weil ihn nichts überraschen kann.

Auf der anderen Seite haben wir eine angehende Autorin, die ihr Leben äußerst aktiv gestaltet. Sie probiert regelmäßig neue Hobbys aus, sie reist gerne und viel, um andere Kulturen kennenzulernen, sie hält sich körperlich fit, ernährt sich gesund und trifft regelmäßig privat und beruflich neue Menschen. Sie hört ihnen zu, sie sympathisiert und identifiziert sich mit ihnen, sie versetzt sich in ihre Lage und fragt sich immer, wie sie selbst in dieser oder jener Situation reagieren würde. Wenn sie etwas Neues, ihr Unbekanntes, hört, lehnt sie es nicht ab, sondern schreibt den Gedanken in einem Notizbuch nieder, um später schnell online ein paar Informationen darüber einholen zu können. Wenn sie unter vollkommen Fremden ist, zum Beispiel in Bus oder Bahn, versucht sie oft, ein Gespräch anzufangen oder einfach nur zu lauschen, worüber andere Menschen sich unterhalten. Auch sie liest viele Bücher, guckt ständig neue Filme unterschiedlichster Genres und genießt sie, anstatt sie zu analysieren und kritisieren.

Setzen Sie nun diese beiden Menschen vor eine weiße Seite und sagen Sie ihnen, sie sollen gefälligst etwas schreiben: Was glauben Sie, wer mehr „Inspiration“ verspürt – unser Autor oder unsere Autorin? Die Antwort ist offensichtlich und doch käme unsere Autorin vermutlich nie darauf, ihre Einfälle auf ihren Lebensstil, auf gar ihre eigene Art zu schieben, sondern würde sie wohl als eben jene so enorm schwer zu greifende Inspiration umschreiben.

Ist es möglich, dass auch sie eines Tages mal vor einem leeren Blatt Papier sitzt und nicht weiter weiß? Absolut, dann aber aus anderen Gründen wie Angst oder Selbstzweifeln.

Damit wir uns richtig verstehen: Natürlich ist das ein arg überspitztes Beispiel. Sie müssen nicht erst eine Weltreise machen, bevor Sie ein kreativer, einfallsreicher Autor werden können. Ebenfalls müssen Sie keine Kickboxing-Kurse belegen oder

Bungeespringen ausprobieren. Sie dürfen durchaus die Werke anderer Autoren kritisieren und selbst aus einer zynischen Weltsicht sind bereits unzählige gute Bücher und Filme entsprungen. Aber:

Gehen Sie mit offenen Augen, offenen Ohren und einem offenen Gemüt durch die Welt!

Wenn Sie echte, glaubwürdige Figuren schreiben wollen, sollten Sie sich nicht vor der Menschheit verschließen. Wenn Sie auf neue Ideen hoffen, dürfen Sie Neues nicht grundsätzlich ablehnen, Neuem nicht skeptisch gegenüber stehen, weil Ihr Geist sonst gar nicht erst auf die Idee kommt, Neues vorzuschlagen. Seien Sie stattdessen wissbegierig und neugierig, bleiben Sie jung, hinterfragen Sie alte Ansichten und Einstellungen, vor allem aber: Versuchen Sie, immer und überall eine Geschichte zu entdecken!

Das klingt leichter gesagt als getan, tatsächlich aber gibt es drei ganze simple Schritte, mit denen Sie Ihre Aufmerksamkeit steigern und somit mehr Inspiration für sich finden können.

1. Hören Sie Menschen zu und sprechen Sie mit anderen Leuten!

Oder anders formuliert: Leben Sie im Jetzt! Vermeiden Sie Tagträume, lassen Sie die Knöpfe aus den Ohren, legen Sie Ihr Handy beiseite und spielen Sie auch nicht ständig mit einem Laptop herum!

Beobachten Sie stattdessen die Welt um sich herum, achten Sie darauf, was andere Menschen tun und fragen Sie sich immer, warum sie tun, was sie tun: Hat eine alltägliche Handlung, eine Meinung, eine Einstellung oder eine Reaktion einen wirklichen Grund, einen Sinn? Oder ist es schlichte Gewohnheit? Und wenn ja, woher kommt diese? Was sagt sie über die Menschen aus, die dieser Gewohnheit nachgehen? Was wäre eine sinnvollere Handlung und wie würden Sie in dieser oder jener Situation reagieren? Beobachten Sie und hinterfragen Sie!

2. Tragen Sie immer ein Notizbuch mit sich und notieren Sie alles, was Ihnen in den Sinn kommt!

Und mit „alles" ist auch wirklich alles gemeint: Wenn Sie eine Idee für eine Geschichte oder eine Figur haben, über die Sie schon lange nachdenken, schreiben Sie sie sofort auf! Wenn Ihnen etwas unbekannt, neu oder interessant vorkommt, schreiben Sie es sofort auf! Wenn Sie auf ein Thema stoßen, über das Sie mehr herausfinden wollen, dann schreiben Sie es sofort auf!

Das Aufschreiben erfüllt gleich drei Zwecke: Der erste, der offensichtliche, ist, dass Sie sich auch in fünf Stunden zu Hause noch daran erinnern werden anstatt die besten Ideen umgehend wieder zu vergessen und dann stundenlang frustriert nachzugrübeln, was Ihnen denn wohl Geniales in den Sinn gekommen sein könnte.

Der zweite, ebenfalls recht naheliegende, ist, dass Sie durch das Aufschreiben neuen Platz im Kopf schaffen, aufräumen: Die meisten Menschen können nicht viel mehr als eine handvoll Gedanken gleichzeitig im Kopf behalten – und schon mit drei, vier Ideen ist unser kreatives Zentrum nahezu blockiert.

Und schließlich ist der dritte, häufig unterschlagene Zweck, dass Sie Ihr Gehirn und damit sich selbst für gute Ideen belohnen müssen. Wenn Sie den besten Einfall haben, ihn aber nicht niederschreiben und vergessen, empfindet Ihr Gehirn kein Glücksgefühl, vermutlich sogar das Gegenteil: Ärger und Frust. Der menschliche Körper sehnt sich jedoch nach Glück, nach dem Ausstoß von Glückshormonen, und der lässt sich sehr einfach erzeugen, wenn Sie jegliche Einfälle sofort auf Papier bringen. Und Ihr Gehirn wird unbewusst versuchen, das Glücksgefühl möglichst bald zu wiederholen, indem es Ihnen neue Ideen präsentiert.

Ob Sie mit diesen Ideen irgendwann etwas anfangen können, ist dabei vollkommen egal, denn die Belohnung ist bereits erfolgt! Auch auf den ersten Blick vermeintlich unsinnige oder irrelevante Ideen sollten Sie daher immer aufschreiben – wer weiß, wofür sie später noch gut sind.

3. Fragen Sie sich immer: Was wäre, wenn? Oder: Was müsste passieren, damit aus etwas eine erzählenswerte Geschichte wird?

„Was wäre, wenn...?“, das ist die vielleicht simpelste Frage der Welt und doch sind unzählige Bücher und Filme allein aus ihr entstanden, da die Antwort häufig bereits den ersten Schritt zur Prämisse eines Romans oder Drehbuchs darstellt.

Betrachten wir erneut ein Beispiel: Sie haben gerade einen Artikel über die Überwachung durch die NSA gelesen. Das ist interessant, aber für sich so noch keine erzählenswerte Geschichte. Doch was wäre etwa, wenn nun im Gegenzug jemand die NSA hackt und daraufhin sämtliche Daten für jeden frei zugänglich im Internet ständen? Persönliche E-Mails, Kontodaten, schlichtweg alle Informationen über jeden Menschen. Wie würde das unser Leben verändern und welche Geschichten ließen sich in solch einer Welt erzählen, in jeder alles über jeden ganz einfach online nachschlagen kann?

Bei fast jeder Nachricht, jeder Information, die Sie lesen, können Sie sich diese Frage stellen. Was wäre, wenn das gesamte Getreide der Welt vom einen auf den anderen Tag nicht mehr essbar wäre? Was wäre, wenn wir eines Tages das Internet nicht mehr verwenden könnten? Wie würde unsere Wirtschaft reagieren und funktionieren? Was wäre, wenn sich die Menschheit plötzlich nicht mehr fortpflanzen könnten? Was wäre, wenn die Technologie, Menschen zu klonen, frei verfügbar wäre? Wer könnte das ausnutzen und wofür? Was wäre, wenn ich eines Tages nach Hause käme und eine leere Wohnung vorfände, meine Familie verschwunden wäre? Was wäre, wenn jeder Mensch genau wüsste, wie lange er noch zu leben hat? Was würde sich ändern?

Sie können diese Fragen überall und jederzeit stellen: In Ihrem Privatleben, in Ihrem Beruf, in Bezug auf aktuelle Nachrichten, wenn Sie Bücher anderer Autoren lesen oder Filme gucken.

Nicht aus jeder dieser Ideen muss eine gute Geschichte entstehen, die genannten Beispiele waren schlichtweg die ersten zehn, die diesem Autor in den letzten drei Minuten in den Sinn kamen. Sie haben zweifellos eine Reihe weitere und bessere!

Wir halten fest: Inspiration ist letzten Endes nur ein anderes Wort für unbewusste Aufmerksamkeit. Wenn Sie mit offenen Augen durch die Welt gehen, sich ein wenig für andere Menschen interessieren und sich vor Neuem nicht verschließen, wie ein Kind viele Fragen stellen und Ihre Gedanken notieren, sind Sie auf Inspiration programmiert!

Übung: Nehmen Sie sich eine halbe Stunde Zeit und notieren Sie möglichst viele „Was wäre, wenn…"-Fragen! Wenn es Ihnen noch an Inspiration mangelt, öffnen Sie eine beliebige Nachrichten-Website, überfliegen Sie die Schlagzeilen und basieren Sie Ihre Fragen darauf!

Anschließend greifen Sie die für Sie interessanteste Frage auf und arbeiten sie ein wenig aus: Wie könnte daraus eine Geschichte entwickelt werden? Spielen Sie verschiedene Ansätze und Genres durch und lassen Sie absurde Ideen zu, um die Angst vor dem Albernen abzulegen: Auch romantische Komödien vor dem Hintergrund des bevorstehenden Weltuntergangs haben ihre Daseinsberechtigung!

Notizen verarbeiten

Wenn Sie die vorigen Ratschläge befolgen, haben Sie vielleicht schon bald ein kleines Notizbuch in Ihrer Jackentasche stecken und auch auf Ihrem Nachttisch liegen Zettel und Stift, worauf Sie die besten Ideen notieren, die natürlich immer kurz vor dem Einschlafen kommen und bisher am nächsten Morgen genauso vergessen waren wie die meisten Träume, die Sie in der Nacht hatten. Doch auch die beste Ansammlung von Notizen nutzt nichts, wenn es bei einer losen Blättersammlung bleibt, die nie verarbeitet wird.

Mindestens einmal im Monat, vielleicht sogar einmal in der Woche – je nach Notizenaufkommen – sollten Sie daher Ihre losen Sammlungen durchgehen, abarbeiten und ihnen einen

Kontext geben. Sinnvoll ist es, die Notizen grob in drei Kategorien einzuordnen: Ideen, die Sie eventuell für Ihr aktuelles Projekt verwenden können, Ideen für zukünftige Projekte (inklusive allgemeinen Beobachtungen) und Ideen, die sich auf den zweiten Blick als unsinnig erweisen und deshalb entsorgt werden können.

Wie unterscheidet man zwischen brauchbaren und nicht brauchbaren Ideen? Das kommt darauf an! Für das Projekt, an dem Sie gerade arbeiten, versuchen Sie – wie schon im Kapitel zuvor angesprochen – offen zu sein und vor allem in der Entwicklungsphase möglichst wenige Ideen vorab abzulehnen. Wenn Sie schon einen Schritt weiter sind, also nur gezielte Lösungen für ein bestimmtes Problem suchen, lesen Sie Ihre Ideen ein, zwei Mal durch und schätzen dann ein, ob es sich um eine sinnvolle, um eine mögliche oder um eine unsinnige Lösung handelt. Letztere nehmen zu diesem Zeitpunkt nur Platz weg und werden schlichtweg entsorgt, um den Überblick nicht zu verlieren.

Schwieriger ist es bei Einfällen, die sich nur vage auf die Zukunft beziehen. Kleine Beobachtungen aus dem Alltag über Menschen und ihre Verhaltensweisen kann man fast immer verwenden und vielleicht sogar spontan ein wenig ausarbeiten.

Wenn Ihnen zum Beispiel aufgefallen ist, wie die Menschen es morgens in der Bahn geschickt vermeiden, mit irgendjemandem Blickkontakt aufzunehmen, kommen Ihnen bei der Sichtung vielleicht ein paar zusätzliche Ideen: Sie könnten sich etwa die sehr naheliegende Frage stellen, warum wir uns so verhalten. Oder Sie könnten sich fragen, was wäre, wenn jemand genau das Gegenteil davon tun, auf jeden zugehen und Unterhaltungen anstreben würde. Was wären die Reaktionen?

Aussortiert werden hier nur Beobachtungen, die sich auf den zweiten Blick als falsch oder langweilig erweisen, bei denen es sich um Klischees handelt.

Für konkrete Storyideen, kleine Prämissen, gehen Sie im Grunde genauso vor. Weil Sie die Bedeutung von „Vampir Pfarrer Attentat" vermutlich spätestens eine Woche nach dem Aufschreiben nicht mehr verstehen werden, fassen Sie die Idee in zwei, drei Sätzen in ihrem Kontext zusammen und bringen im besten Fall noch ein paar neue Gedanken mit ein. Den großartigen Einfall „24 meets Verbotene Liebe" dürfen Sie hingegen vermutlich in „Ablage P" einordnen.

Müssen Sie Ideen aussortieren? Haben wir nicht zuvor gesagt, es gibt keine schlechten Ideen? Jein: Das Denken einer Idee, das Ausprobieren und Durchspielen, ist nie verkehrt, aber gerade den kreativsten Geistern entspringen oft die die absurdesten Ideen, die als oder in einer Geschichte schlichtweg nicht funktionieren.

Andere Einfälle veralten, werden von der Realität eingeholt oder überholt. Vor allem aber muss man als Autor auch etwas aufgeben, sich von Geschriebenem verabschieden können – und je früher Sie das lernen und akzeptieren, desto besser!

Wohin Sie Ihre Ideen letztlich sortieren, bleibt natürlich Ihnen selbst überlassen. Zwei klassische College-Blöcke, einer für das aktuelle Projekt und einer für allgemeine Ideen sowie mögliche zukünftige Projekte, sind immer eine gute Wahl, aber auch gegen eine Software ist nichts einzuwenden.

Wir halten fest: In Stichpunkten festgehaltene Notizen verlieren schnell ihre Bedeutung. Übertragen Sie Ihre Ideen und Beobachtungen daher regelmäßig in eine Sammlung, denken

Sie viel versprechende Einfälle weiter und sortieren Sie wenig versprechende aus.

Übung: Wenn Sie bereits ein paar Notizen gesammelt haben, betrachten Sie sie nun ein zweites Mal, spielen Sie mit ihnen herum und ordnen Sie sie dann ein!

Was ist eine Idee wert?

Wahrscheinlich tragen Sie schon lange eine Idee für einen Roman oder einen Film mit sich herum, denn der Wunsch, Autor zu werden, wird fast immer dadurch ausgelöst, eine erzählenswerte Geschichte im Hinterkopf zu haben. Nicht selten stellt sich dabei jedoch die Frage: Was ist meine Idee wert? Reicht sie aus, um ein ganzes Buch zu schreiben? Ist sie neu? Ist es eine gute Idee? Beantworten wir die erste Frage:

Eine Idee ist nur so viel wert wie ihre Umsetzung.

Denn die Wahrheit ist: Sie können noch so gute Ideen haben, wenn die Umsetzung scheitert, ist die Idee an sich nicht das Geringste wert – und das gilt nicht nur für Bücher und Filme, sondern im Grunde für jede Branche der Welt. Auch die kreativsten Unternehmer verdienen kein Geld, wenn letzten Endes die Verwirklichung ihrer Idee scheitert. (Das leidige Thema des Patentrechts mal ausgenommen.)

Anders formuliert: Die Idee für eine Geschichte, der von Nicht-Autoren so viel Bedeutung zugemessen wird, ist im Grunde nahezu irrelevant. Es gibt keine neuen Ideen, jede Idee ist schon x-fach zuvor gedacht und auch ausprobiert worden – es gibt lediglich hier und da noch ein paar Ideen, die bisher nicht erfolgreich waren. Ob aus gutem Grund, weil die Idee kein Buch oder keinen Film tragen kann, oder weil sie schlecht ausgeführt wurde, ist wieder eine andere Frage.

Grundsätzlich spricht man zudem, insbesondere in der Filmbranche, von zwei verschiedenen Arten von Ideen: High Concept sowie Low Concept, beides häufig auch mit dem Begriff „execution dependant“ vermixt.

Der Reihe nach: High Concept bedeutet im Prinzip, dass man die Geschichte mit einem einzigen Satz zusammenfassen und dem Leser oder Zuschauer schmackhaft machen kann, weil das Konzept im Vordergrund steht und die Figuren oft nur zweitrangig sind.

„Ein Hacker entdeckt, dass die Welt, in der wir zu leben glauben, nur virtuell ist und von Maschinen beherrscht wird – die er daraufhin zu stoppen versucht.“ Oder auch: „Wissenschaftlern gelingt es, Dinosaurier wiederzubeleben und einen Vergnügungspark mit ihnen zu füllen – doch schon vor der Eröffnung geht etwas schief.“

Peng! Das mag nicht jedermanns Geschmack sein, aber es bringt das jeweilige, recht aufwendige Konzept schnell auf den Punkt und macht Lust auf mehr. Ein weiteres klassisches Beispiel ist die großartige Komödie „Und tägliche grüßt das Murmeltier“, die zwar auch von ihren Schauspielern und Charakteren lebt, bei der das Gimmick des sich ständig wiederholenden Tages aber zumindest beim Verkauf der Idee klar im Vordergrund steht.

Low Concept bedeutet auf der anderen Seite, dass die Idee der Geschichte weitgehend gewöhnlich ist und sie in erster Linie von den Figuren sowie den Dialogen leben soll. Das Beispiel schlechthin dafür ist vermutlich die tolle „Before

Sunrise"-Reihe von Richard Linklater, deren Idee sich in etwa so liest: „Ein Mann und eine Frau treffen sich und reden einen halben Tag lang miteinander."

Das klingt so langweilig und gewöhnlich, dass aufgrund dieses einen Satzes vermutlich niemand dafür ins Kino gehen würde und doch zählen die drei Filme zu den am meisten gelobten der letzten zwanzig Jahre.

Der Begriff „execution dependant", auf deutsch in etwa „abhängig von der Umsetzung", ist weder mit High noch mit Low Concept gleichzusetzen, allerdings gibt es im Bereich von High Concept weitaus mehr Geschichten, die sich fast von alleine schreiben und noch dazu einfacher zu verkaufen sind, weil allein der Pitch, also die Idee, bereits Lust auf mehr machen kann.

Damit lässt sich dann auch die am Anfang gestellte Frage beantworten, wann eine Idee gut genug ist, um eine Geschichte zu tragen: High-Concept-Ideen wie hinter den genannten Beispielen – „Matrix", „Jurassic Park", „Und täglich grüßt das Murmeltier" – sind häufig in der Lage, fast „von ganz alleine" genügend Material für einen guten 100-minütigen Film oder ein 350 Seiten langes Buch zu liefern.

Natürlich müssen auch diese Ideen noch entwickelt werden, interessante Figuren, spannende Entwicklungen und Wendungen lassen sie erst wirklich lebendig werden, aber der Weg dorthin ist kürzer und weniger steinig als ohne ein aufwendiges Konzept.

Wenn Sie hingegen auf eine recht simple Idee zurückgreifen, lässt sich in der Regel erst mit den Figuren sagen, ob Sie auf einem guten Weg sind. Aber keine Sorge: Dazu kommen wir noch früh genug.

Vorerst halten wir fest: Ideen sind weitaus weniger wert als häufig angenommen wird, in fast allen Fällen ist es allein die Umsetzung, die entscheidet. Aufwendige Konzepte lassen sich jedoch oft einfacher umsetzen und häufig auch verkaufen als weniger aufwendige.

Übung: Überlegen Sie sich zehn eigene Beispiele für High-Concept- und Low-Concept-Ideen! Versuchen Sie, beide so interessant wie möglich klingen zu lassen, um einen potentiellen Leser oder Zuschauer anzulocken.

Die Qual der Wahl: Was ist die bessere Idee?

Schon wieder „gute" Ideen? Haben wir das Thema nicht langsam abgehakt? Fast! Denn wenn es Ihnen so wie den meisten Autoren geht, dann haben Sie selten nur eine einzige Idee für ein Buch, sondern gleich ein halbes dutzend. Und wenn Sie, wie zuvor empfohlen, Ideen für etwaige zukünftige Projekte regelmäßig niederschreiben, dann haben Sie irgendwann womöglich nicht nur ein halbes dutzend, sondern zwanzig, fünfzig oder hundert potentielle Geschichten auf Abruf parat.

Doch selbst, wenn es nur zwei sind, stellt sich ab einem gewissen Zeitpunkt die Frage: Wie entscheide ich mich für eine von ihnen? Was ist die bessere, die beste Idee?

Die wichtigste Gegenfrage dazu lautet: Wofür empfinde ich selbst gerade die größte Begeisterung? Wenn ich nicht der Autor wäre, welche dieser Ideen würde ich am liebsten als Buch lesen oder als Film sehen wollen?

Das engt die Auswahl in der Regel bereits deutlich ein, denn auch wenn viele Ideen auf dem Papier erst einmal spannend klingen, gibt es oft die unterschiedlichsten Gründe, weshalb uns diese Ideen in den Sinn gekommen sind und warum wir sie schreiben wollen.

Vielleicht sind Sie vor kurzem Vater oder Mutter geworden und hatten dabei unendlich viele Ideen über das Glück, aber auch die Probleme, die diese Erfahrung mit sich bringt. Vielleicht ist in Ihrem Umfeld jemand gestorben und Sie wollen etwas über Tod und Verlust schreiben. Vielleicht haben Sie sich tierisch über ein Erlebnis aufgeregt, vielleicht hat Sie ein Thema schlichtweg intellektuell angeregt. Das sind alle legitime Gründe, aber letzten Endes ist es die Begeisterung für eine Idee, die Freude, die einen vorantreibt und somit ausschlaggebend sein sollte.

Glauben Sie, für zwei Ideen die gleiche Begeisterung zu empfinden, nehmen Sie zwei DIN-A4-Blätter und schreiben Sie jeweils zehn Minuten lang alles auf, was Ihnen für die jeweilige Story in den Sinn kommt. Eine Idee wird Ihnen leichterfallen, Ihren Geist stärker anregen und Ihnen in dieser kurzen Übung mehr Freude bereiten – wählen Sie diese!

In dem Zusammenhang jedoch eine kleine Warnung: Die meisten Autoren neigen dazu, für ihr erstes Buch eine Idee, ein Thema, auszuwählen, das ihnen persönlich sehr auf dem Herzen liegt.

„Schreiben Sie über das, was Sie kennen", das liest man schließlich oft. Dies ist jedoch nicht gleichbedeutend mit: „Schreiben Sie darüber, wie schwer Sie es in Ihrem Job haben, wie schlimm Ihre Kollegen sind, wie viel Stress Sie zu Hause erleben und wie wenig Geld und Dank Sie für den ganzen Quatsch auch noch erhalten!"

Das ist weder eine neue Geschichte, noch eine, die in irgendeiner Form spannend wäre und es lässt den Alarm nahezu jedes Lektors der Welt sofort schrillen. Wählen Sie ein Thema, mit dem Sie sich zwar auskennen, das Ihnen *am* Herzen liegt, aber nicht unmittelbar *auf* dem Herzen, das Ihnen also einen gewissen Abstand erlaubt. Das heißt nicht, dass Sie nicht einen furchtbaren Chef oder unerträgliche Kollegen in Ihre Geschichte einbringen dürfen, aber es sollte nur ein Detail von vielen sein, nicht das Zentrum der Geschichte.

Wir halten fest: Wenn Sie zwischen mehreren Ideen schwanken, wählen Sie die, für die Sie als Leser oder Zuschauer die größte Begeisterung empfänden!

Die Prämisse formulieren

Bevor wir als nächstes in die Entwicklung der Idee – mit Plot, Charakteren und Setting – einsteigen, wollen wir zunächst noch einen kleinen und eher unüblichen Zwischenschritt einlegen: das Formulieren der vorläufigen Prämisse für Ihr Buch oder Drehbuch.

Eine Prämisse ist im Grunde nicht viel mehr als das, was Sie in einem vorherigen Kapitel über „Matrix“ oder „Jurassic Park“ gelesen haben: Die grobe Zusammenfassung der Idee beziehungsweise der Ausgangssituation in ein bis drei Sätzen. Sie erwähnt oft den Protagonisten sowie sein Ziel und Problem, vernachlässigt aber noch andere Figuren und Plotpunkte, die wir ohnehin erst im nächsten Schritt entwickeln, auch wenn Sie dafür natürlich bereits Ideen im Hinterkopf haben mögen und können.

Eine typische Prämisse ist beispielsweise der „fish out of water“ um einen Charakter, der sich in einer ungewohnten Situation befindet und in diese hineinfinden muss, was in

Deutschland vor allem in Krimis seit Langem sehr beliebt ist: „Kommissar Gärtner, ein Lebemann, wird aus der Großstadt aufs vermeintlich ruhige Land strafversetzt und muss sich dort mit störrischen Dorfbewohnern, alter Technik sowie absurden Kriminalfällen herumschlagen."

Warum ist das Formulieren einer Prämisse bereits vor Brainstorming und Entwicklung sinnvoll? Weil sie Ihnen in den schwierigen nächsten Schritten ein Ziel vor Augen hält, das zwar durchaus noch verändert werden kann, aber zumindest eine grobe Richtung vorgibt. Gerade Anfänger verlieren sich schnell in den unzähligen Einfällen, die das Brainstorming aufwirft, welche die ursprüngliche Idee oft vollkommen vergessen machen – und blöderweise klingen die Ideen von heute fast immer besser als die Ideen von gestern.

Mit einer ausformulierten Prämisse, mit der Sie fürs Erste durchaus zufrieden sind und die Sie vor dem Einstieg in die Entwicklung begeistern kann, tappen Sie weniger leicht in diese Falle. Beispiele für ausformulierte Prämissen sind:

- Ein einziges Mitglied einer 12-köpfigen Jury hat Zweifel an der Schuld des vermeintlichen Täters und versucht, die anderen Jury-Mitglieder von der eigenen Sichtweise zu überzeugen.
- Eine junge FBI-Agentin jagt einen Mörder und muss dafür auf die Hilfe eines verurteilten, frauenmordenden Serienkillers zurückgreifen.
- Ein Mann im Rollstuhl beobachtet im Hinterhof den vermeintlichen Mord an einer Frau und muss diese Tat von seiner Wohnung aus beweisen.

Wir halten fest: Eine vor der Entwicklung formulierte Prämisse mag man als einschränkend empfinden, gerade bei den ersten zwei, drei Büchern hilft sie aber durchaus, die Entwicklung zielstrebiger und klarer zu gestalten.

Übung: Nehmen Sie sich eine gute Stunde Zeit, um die Prämisse für Ihre Geschichte in ein bis drei Sätzen sauber und spannend zu formulieren. Schreiben Sie danach auf etwa einer DIN-A4-Seite auf, was Sie an dieser Prämisse begeistert und aus welchem Grund Sie diese Geschichte schreiben wollen.

Wenn Ihnen später Zweifel kommen, können Sie immer wieder darauf zurückgreifen und sich selbst an Ihre anfängliche Begeisterung erinnern!

Ideen entwickeln

Eine Idee, selbst eine ausformulierte Prämisse, ist natürlich noch keine Geschichte. Es fehlt die Struktur, es fehlen die Figuren, ebenso wie Konflikte, Entwicklungen und Drama, vor allem aber fehlt eines: weitere Ideen. So gut wie keine Geschichte der Welt basiert nur auf einer einzigen Idee, sondern vereint mehrere Ideen zu einem großen Ganzen.

Bleiben wir bei unseren bereits etablierten Beispielen aus dem ersten Kapitel: Die Idee, einen Tag sich unendlich oft wiederholen zu lassen, ist interessant, aber reicht noch nicht für eine Geschichte aus. Erst in Verbindung mit dem Protagonisten, der sich vom Zyniker zum Romantiker entwickelt, ergibt sich daraus eine erzählenswerte Story, vor dem schönen Setting der Kleinstadt und des charmanten Murmeltiertages. Das Gleiche gilt auch für „Jurassic Park“: Dinosaurier zu klonen, ist faszinierend, spannend wird es jedoch erst, wenn etwas schiefgeht und Menschenleben auf dem Spiel stehen, hier vor dem Hintergrund der von der Zivilisation abgeschotteten tropischen Insel.

Genauso ist es bei nahezu alle anderen Romanen und Filmen; mehrere Ideen kommen zusammen, die sich grob in drei Kategorien einordnen lassen: Charakter, Setting und Plot. Fehlt oder schwächelt auch nur eine dieser drei Zutaten, dann leidet die ganze Geschichte darunter.

Um das zu verhindern, begeben wir uns nun in die Entwicklung, in der es zunächst darum geht, so viele Ideen wir nur möglich zu produzieren. Allgemeine Aufmerksamkeit und Inspiration sind großartig, um die Anfangsidee für eine Geschichte zu finden, doch in der Entwicklung müssen Sie aktiver und produktiver werden, um statt ein, zwei Jahren nur ein paar Wochen damit zu verbringen. Mit anderen Worten: Sie müssen Ihr Gehirn so richtig in Schwung bringen!

Das Brainstorming

Die Kunst des Brainstormings zu beherrschen, ist eine der Grundvoraussetzungen dafür, in einem möglichst kurzen Zeitraum möglichst viele Ideen zu produzieren. „Warum der Druck, ich habe doch Zeit", mag man sagen, aber zum einen haben wir schon in der Schule gelernt, dass Leistung = Arbeit / Zeit ist, zum anderen macht es weitaus mehr Spaß, effizient zu schreiben und viel aufs Papier zu bringen. Denn suchen Sie nicht gezielt und aktiv nach Ideen, sitzen Sie oft vor einem weißen Blatt und starren es stundenlang an, ohne einen Schritt voranzukommen.

Das mag für manch einen eine romantische Vorstellung sein – „Hey, ich hab 'ne Schreibblockade, jetzt bin ich ein echter Autor!" –, tatsächlich ist es aber spätestens nach dem zweiten oder dritten Mal nichts anderes als frustrierend. Und wenn Sie auch noch auf die Idee kommen sollten, als Autor Geld verdienen zu wollen, kann Ihnen diese Einstellung sogar ernsthafte Probleme bereiten. Deshalb, bevor wir in Charakter, Setting und Plot einsteigen, wollen wir kurz die fünf besten Techniken des Brainstormings betrachten, die bei der Entwicklung von Ideen und damit bei der Entstehung einer Geschichte helfen können.

Warum gleich fünf? In erster Linie, weil nicht jedes Gehirn den gleichen Treibstoff tanken kann, um auf Hochtouren zu laufen. Manch ein Autor liebt Mindmaps, der nächste schwört auf Karteikarten – für welche Technik Sie sich am Ende auch immer entscheiden mögen, wichtig ist eines: Benutzen Sie nie den Computer, sondern immer Zettel und Stift oder Whiteboard und Marker!

Die klassische Art und Weise des Schreibens hat gegenüber einem Textprozessor riesige Vorteile: Zum einen lockt auf dem Papier nicht die ständige Ablenkung der unendlichen Weiten des Internets. Nicht selten braucht man erst mal zehn, zwanzig Minuten, um sich auf das Schreiben, auf das Brainstorming, einzustellen – und am PC wird die Wartezeit oft genutzt, um mal schnell E-Mails zu checken oder kurz im Web zu surfen. So schaltet Ihr Gehirn aber gar nicht erst in den gewünschten Brainstorming-Modus.

Zum Zweiten hat es etwas Natürliches, einen Stift in der Hand zu halten und tatsächlich die Worte auf Papier zu bringen; die haptische Wahrnehmung trägt bei vielen Menschen enorm dazu bei, ein Gefühl der Befriedigung zu entwickeln und dem Gehirn so Anreize zu geben, weitere Ideen zu finden.

Und zum Dritten, und das ist der größte Vorteil, können Sie sich auf Papier nicht so leicht selbst zensieren und vermeintlich schlechte Ideen sofort wieder mit der Backspace-Taste löschen. Jede Idee erhält somit ihre verdiente Chance!

Wichtig: Beim Brainstorming geht es noch nicht darum, gezielt in Strukturen zu denken. Es ist in erster Linie eine reine Ideenmaschine, die später zu Plot- und Charakterentwicklung führt!

Mindmaps

Vermutlich kennt fast jeder Mindmaps entweder aus der Schule oder dem Beruf, doch auch für die Ideenfindung beim

Schreiben von Filmen und Romanen sind sie nicht zu unterschätzen, weil Mindmaps – anders als zum Beispiel klassische Listen – natürliche Denkstrukturen unterstützen. Beim Brainstorming für eine Geschichte können Mindmaps stufenweise angewendet werden, um von dem Allgemeinen ins Spezifische überzugehen.

Nehmen wir als Beispiel an, Sie wollen einen Thriller schreiben, in dem ein kleiner Hacker eine Rolle spielt, der vielleicht zufällig auf brisante Informationen stößt und dann unter anderem von deren Besitzern verfolgt wird. Allein aus diesen dürftigen Details lassen sich bereits etliche Themengebiete ableiten, für die ein Brainstorming sinnvoll wäre: Was für Informationen könnte er finden? Wer sind die Besitzer? Wer ist der Hacker und warum tut er, was er tut? Und wie genau funktioniert eigentlich dieses Hacken, was gehört dazu?

Naheliegend ist es jedoch, mit dem recht Allgemeinen, den Informationen, zu beginnen: Nehmen Sie sich entweder ein DIN-A4-Blatt oder eine Tafel und schreiben Sie in die Mitte das Wort INFORMATIONEN. Worauf könnte er von hier aus stoßen? E-Mails zum Beispiel, die erste Unterkategorie. Was für E-Mails? Private? Von Bänkern? Unternehmern? Politikern? Oder eine Kombination aus allem? Private E-Mails von Politikern an Bänker und Unternehmer?

Vielleicht sind es aber auch nicht einfach E-Mails, sondern Bankgeheimnisse? Das könnte die nächste Unterkategorie sein. Sind es geheime Konten? Insider-Informationen? Geht es um Geldwäsche? Um Fehler, die das Banksystem zum Einsturz bringen könnten?

Möglicherweise sind es aber auch weder E-Mails noch Bankgeheimnisse, wie wäre es vielmehr mit einem Register aller Bürger eines Landes, das heimlich geführt wird? Und was könnte darin stehen? Nur Name, Alter und Geschlecht? Oder vielleicht auch Beruf, versteuertes Gehalt, Nutzung der Krankenkasse – und so weiter und so fort?

Das ist ein guter Anfang, denn aus nur einer Idee, den Informationen, haben wir bereits drei weitere große Einfälle kreiert, denen gut zwei dutzend kleinere Optionen folgen. Als nächstes könnten wir jetzt auf die gleiche Art und Weise versuchen, mehr über unseren Hacker und seine Persönlichkeit herauszufinden – oder aber wir bewegen uns noch weiter vom Allgemeinen ins Spezifische, indem wir an dieser Stelle die vielversprechendste der entwickelten Unterideen aufgreifen, zum Beispiel das Bürgerregister, und darauf basierend eine neue Mindmap erstellen, um weitere Details mit dieser Methode zu entwickeln. Wie lange werden die Daten schon erhoben? Wer hat darauf Zugriff und warum?

Das Schöne an Mindmaps ist neben der natürlichen Denkstruktur, dass Sie am Ende so gut wie immer mit mehreren gut gefüllten Zetteln in der Hand da stehen, was Ihnen ein Erfolgserlebnis beschert und noch dazu einen Haufen potentiell spannender Ideen mit sich bringt.

Karteikarten

Karteikarten werden von Autoren gerne eingesetzt, um vor dem Schreiben des Buchs oder Drehbuch eine Outline zu erstellen und sich einen guten Überblick über die Struktur und das Pacing, also das Erzähltempo, zu verschaffen – aber auch beim Brainstorming können Karteikarten hilfreich sein.

Legen Sie sich einen großen Stapel zu, gerne auch in verschiedenen Farben, und notieren Sie auf jeweils einer

Karteikarte eine Idee beziehungsweise einen Aspekt Ihrer Geschichte! Ähnlich wie bei den Mindmaps wären das bei dem vorigen Beispiel etwa der Hacker, die gestohlene Informationen, ihr Besitzer, der Arbeitsplatz des Hackers und so weiter. Breiten Sie diese Karteikarten vor sich aus und suchen Sie dann in Schlagworten weitere Ideen, die sie jeweils auf eine Karteikarte schreiben, den jeweiligen Kategorien zuordnen, und ergänzen Sie die großen Ideen um kleinere!

Die Methode ist den Mindmaps nicht unähnlich, allerdings bringen Karteikarten den großen Vorteil mit sich, greifbar und beweglich zu sein, so dass Sie ein Bild, eine Art Ideenwolke, vor sich entstehen lassen und dabei auf Veränderungen, die im Brainstorming dazu gehören, schnell reagieren können.

Darüber hinaus erkennen Sie mit Hilfe von Karteikartei in verschiedenen Farben sehr schnell, in welchem Bereich Ihnen noch ein paar Ideen fehlen, was gut und was weniger gut durchdacht ist.

Auflisten und Fragen stellen

Eine etwas klassischere Vorgehensweise ist das gute, alte Auflisten von Ideen, das natürlichen Denkmustern zwar kaum entspricht, uns in Schule, Ausbildung und Beruf aber oft derart antrainiert wurde, dass es uns von den Methoden des Brainstormings am vertrautesten erscheint.

Sagen wir, Sie wollen weiterhin wissen, welche Infos unser Hacker gestohlen hat. Listen Sie nun einfach alles auf, was Ihnen an Möglichkeiten einfällt! Zwanzig bis dreißig Ideen vielleicht, in groben Stichpunkten.

Ist die Liste fertig, werfen Sie einen erneuten Blick darauf und stellen Sie sich dann Fragen: Welche dieser Ideen hat das größte Konfliktpotential? Was könnte passieren, wenn jemand ein solches Bürgerregister findet? Was ist das mit Abstand Schlimmste, was man damit anstellen könnte? In welche Hände sollte diese oder jene Information auf keinen Fall fallen? Lassen sich vielleicht zwei oder drei der Ideen kombinieren?

Das klassische Auflisten ist aufgrund des erzwungenen linearen Denkens zwar nicht optimal für die Ideenfindung, es hilft jedoch dabei, Ideen schnell gegeneinander abschätzen zu können und ist zum Beispiel in Kombination mit einer Mindmap durchaus sinnvoll eingesetzt.

Freewriting

Freewriting ist eine in den USA sehr verbreitete Technik, die sogar an Colleges gelehrt wird und die keiner großen Erklärung bedarf: Nehmen Sie Zettel und Stift, entscheiden Sie sich für ein Thema und schreiben Sie dann fünfzehn bis zwanzig Minuten drauf los – und zwar alles, was Ihnen in den Sinn kommt. Das Gemeine: Sie dürfen den Stift nie aus der Hand legen, ihn nicht einmal ruhen lassen! Wenn Ihnen vorübergehend nichts einfällt, dann zeichnen Sie nur Schlangenlinien, bis Ihnen wieder ein Gedanke kommt.

Die Idee dahinter ist in erster Linie, einen Gedankenstrom zu erzeugen und damit zum einen auch auf nur unterbewusst existierende Ideen zuzugreifen, zum anderen die Hemmungen vor vermeintlich schlechten Ideen abzubauen. Wenn Sie eine Viertelstunde am Stück schreiben *müssen*, haben Sie keine andere Wahl als hier und da auch mal „Quatsch“ aufs Papier zu bringen. Und wenn Sie gar nichts niederschreiben, erkennen Sie zumindest, dass Sie eine gewisse Angst und Hemmungen davor haben, schlechte Ideen zu äußern.

Nach dem Schreiben lesen Sie Ihren Text ein bis zwei Mal durch und streichen alles Spannende an bzw. schreiben es heraus, um es später leserlich wiederfinden zu können.

Freewriting ist daher gleichermaßen Brainstorming wie Übung und kann nicht nur während der Ideenfindung, sondern regelmäßig eingesetzt werden. Manche Autoren greifen jeden Morgen, bevor sie sich an den PC setzen oder auch nur das Radio anschalten, zu Zettel und Stift und verbringen die erste Viertelstunde des Tages mit Freewriting. Das ist nicht jedermanns Sache, aber einen Versuch wert!

Die Schneeflocke

Die stetig an Popularität gewinnende „Snowflake Method“ von Randy Ingermanson (www.advancedfictionwriting.com) geht zu guter Letzt eigentlich schon einen Schritt über das Brainstorming hinaus, soll aber nicht unerwähnt bleiben, da auch sie durchaus zur Ideenfindung eingesetzt werden kann.

Ihre Anwendung ist sehr simpel: Sie beginnen mit einem einfachen Satz, der Ihre Storyidee auf den Punkt bringt, im Grunde also mit Ihrer Prämisse. Im nächsten Schritt versuchen Sie, Ihre Story zu erweitern, indem Sie aus dem einen Satz drei bis vier Sätze machen, und dann aus jedem Satz einen eigenen Absatz, immer verzweigter, wie eine Schneeflocke.

Dabei muss es allerdings nicht einmal um ihre komplette Geschichte gehen, fürs frühe Brainstorming können Sie sich einfach einen Aspekt Ihrer Idee herausgreifen und diesen um neue Einfälle anreichern, indem Sie zunächst mit der Grundidee beginnen und dann ihre einzelnen Aspekte nach und nach ausarbeiten. Vor allem, wenn Ihnen das Arbeiten in Stichpunkten nicht liegt, ist die Schneeflocke eine gute Alternative.

Brainstorming mit Partnern

Zum Abschluss des Kapitels über Brainstorming noch ein Tipp, der vielleicht sogar eine sechste Methode sein mag, auf jeden Fall aber hilfreich ist: Suchen Sie sich einen Partner oder Zuhörer für Ihr Brainstorming und denken Sie laut!

Ihr Partner muss dabei nicht einmal mitdenken, oft reicht es schon aus, seine Gedanken und etwaige Probleme laut für jemanden zu formulieren, um selbst auf neue Ideen oder Lösungen zu kommen. Getreu dem alten Motto: Man hat etwas erst dann wirklich verstanden, wenn man es einem anderen erklären kann.

Wenn Sie jemanden finden, der Ihnen hier und da eigene Lösungen anbietet oder zumindest ein paar Stichworte vor sich hin murmelt, umso besser! Selbst das Ablehnen von fremden Vorschlägen ist hilfreich, erfordert es doch in der Regel eine Begründung, warum dieser oder jener Vorschlag nicht funktionieren kann – was gleichbedeutend damit ist, sich selbst das Problem zu vergegenwärtigen und so der Lösung einen Schritt näherzukommen.

Wir halten fest: Es gibt viele unterschiedliche Formen des Brainstormings. Wichtig ist nur, dass es in dieser Phase vor allem um das Anhäufen möglichst vieler Ideen für Charakter, Setting und Plot geht. Es findet noch keine echte Vorauswahl statt, auch wenn Sie sich natürlich auf einzelne Aspekte, die Ihnen besonders interessant erscheinen, konzentrieren können.

Übung: Probieren Sie die verschiedenen Formen des Brainstormings anhand einer Idee aus! Welche funktioniert für Sie am besten? Das Thema bleibt Ihnen selbst überlassen.

Grundlagen einer Geschichte

Wenn Sie dieses Buch nicht nur lesen, sondern bereits in den Pausen zwischen den Kapiteln an Ihrer ersten oder einer neuen Story arbeiten, dann haben Sie jetzt vermutlich bereits einen Haufen Ideen, die bisher aber weitgehend zusammenhangslos herumliegen. Hier die grobe Prämisse, da ein paar Details aus dem Leben der Hauptfigur, einige allgemeine Beobachtungen aus Ihrem eigenen Alltag und vielleicht auch schon ein paar Ideen, wo und wann Ihre Geschichte eigentlich spielen soll.

Im nächsten Schritt werden wir all diese Ideen zu einem großen, sinnvollen Ganzen zusammenführen, doch zuvor wollen wir die vielleicht wichtigste Frage beantworten:

Was ist eine Geschichte?

„Eine Geschichte ist eine erzählerische Wiedergabe von wahren oder fiktiven Ereignissen", so könnte eine ganz grobe und natürlich nicht verkehrte Definition lauten, aber wir wollen nicht einfach bloß irgendeine Geschichte erzählen, sondern eine Geschichte wie wir sie aus Filmen und Romanen gewohnt sind. Eine Geschichte, die lustig, spannend, aufregend, schlicht erzählenswert ist. Und egal ob auf Papier oder auf der Leinwand, nahezu jede Story von der Antike bis heute setzt auf die gleichen Bestandteile, nämlich:

1. Charakter, Setting und Plot

So gut wie jede Geschichte der Welt hat einen Helden, eine Hauptfigur, einen Protagonisten, häufig in Personalunion, also mindestens einen Charakter. Ohne Charaktere keine Geschichte, denn es braucht eine handelnde, aktive Figur, mit der Leser und Zuschauer sich identifizieren und mit der sie mitfiebern können.

Nicht minder elementar, auch wenn es sich häufig eher im Hintergrund hält, ist das Setting: Wo spielt Ihre Geschichte, in welcher Zeit und warum? Wenn Sie einen historischen Roman, eine Fantasy-Story oder ein Sci-Fi-Epos schreiben, ist die Bedeutung des Settings, also der Welt, recht offensichtlich, doch auch in einem gewöhnlichen Krimi, der im Deutschland der Gegenwart angesiedelt ist, sollte der Kreation einer eigenen Welt eine hohe Bedeutung zukommen – zum einen, um Tonfall und Stimme der Geschichte nicht zu vernachlässigen, zum anderen, um sich von den anderen zehntausend Krimis vor vergleichbarer Kulisse zu unterscheiden.

Der dritte Element, ohne das es nicht geht, ist schließlich natürlich der Plot. Aber ist der Plot nicht genau das Gleiche wie die Geschichte? Nicht ganz, denn Plot meint meist ganz spezifisch die Charakterentwicklung und Heldenreise, darüber hinaus treibt der Plot vor allem aber die Geschichte voran. In einer normalen, alltäglichen Geschichte wie man sie sich von Nachbar zu Nachbar erzählt, muss es nicht zwangsläufig einen Anfang oder ein Ende geben und es kann zwischendurch zu langen Pausen kommen, in denen nicht einmal das Geringste geschieht. Der Plot verhindert das, wenn man so will, er ist in gewisser Weise der Motor einer Story.

2. Konflikte

Im Zentrum einer jeden Geschichte steht mindestens ein großer Konflikt, in der Regel gibt es sogar mehrere, nämlich intern – also innere Konflikte der Figuren – sowie extern – also Konflikte, die von außen auf die Figuren einwirken. Ohne Konflikte keine Geschichte!

Konflikt ist ein sich eigentlich selbst erklärender Begriff, wird gerade von angehenden Autoren jedoch häufig nicht kräftig genug gestaltet oder gar als simple Streitigkeiten interpretiert, doch tatsächlich gibt es nichts Wichtigeres als starke Konflikte! Wenn der Begriff missverständlich sein sollte, verwenden Sie Probleme und Hindernisse, was im Grunde das Gleiche beschreibt.

Anstatt seitenlang darüber zu philosophieren, betrachten wir ein paar simple Beispiele:

- Ein mutiger Abenteurer begibt sich auf die Suche nach der sagenumwobenen Bundeslade.
- Ein kleiner Junge entdeckt, dass er magische Fähigkeiten besitzt, und besucht eine Schule für Zauberer.
- Ein Teenager wird von einer genmanipulierten Spinne gebissen und entwickelt daraufhin selbst Fähigkeiten einer Spinne.

Vermutlich können Sie jedes Beispiel einem bekannten Film beziehungsweise Buch oder Comic zuordnen – und doch ist nichts davon eine erzählenswerte Geschichte, denn es fehlen die Konflikte, die Hindernisse, die Gegner.

Die Suche des Abenteurers ist langweilig, wenn es keine Bedrohung gibt, wenn er nicht gleichzeitig auch Gegner hat, die ebenfalls den großen Schatz suchen. Ein Junge mit magischen Fähigkeiten allein mag eine schöne Fantasie für Kinder sein, aber spätestens Jugendliche und Erwachsene könnten einer solchen Erzählung überwiegend nur wenig abgewinnen, wenn der Junge nicht starke Widersacher hat, die sich ihm in den Weg stellen. Und unserem Teenager mit dem Spinnenbiss ergeht es nicht anders: Spannend wird seine Geschichte erst dadurch, dass er seine Fähigkeiten dafür einsetzen will, um einen Bösewicht zu stoppen, dass er sich zugleich aber im Alltag ganz normal verhalten muss, dass er seine heimliche Liebe beschützen möchte, dass er in der Schule zu den Schwachen zählt, die gehänselt werden. Dass jemand seine Fähigkeiten entdecken könnte und dieser Jemand sich gegen seine Familie oder Freunde wendet und dass er selbst dazu verleitet wird, die Fähigkeiten nicht nur zum Guten, sondern auch zu seinem eigenen Vorteil einzusetzen.

Das sind Konflikte, die eine spannende Geschichte ermöglichen, doch echte Spannung benötigt noch mehr, nämlich:

3. Fallhöhe

Die Fallhöhe, im Englischen „stakes", bezeichnet das, was auf dem Spiel steht – und naturgemäß sollte so viel wie möglich auf dem Spiel stehen, um das volle Potential auszuschöpfen.

Unser Abenteurer von zuvor könnte gegen einen ganz gewöhnlichen Gegner antreten, vielleicht nur einen Konkurrenten – stattdessen aber ist sein Gegner auch das Dritte Reich, die größte nur vorstellbare Bedrohung in unserer Vergangenheit. Und es geht nicht nur um einen x-beliebigen Schatz, um Geld und Ruhm, nein, es geht um eben jene Bundeslade, der mythische Kräfte nachgesagt werden. Gerät sie in die falschen Hände, könnte es das Ende der Welt bedeuten.

Im Grunde gibt es nur drei Fallhöhen, die für buch- und filmtaugliche Geschichten groß genug sind: Den Tod des Protagonisten, den metaphorischen Tod des Protagonisten und die Zerstörung der bzw. seiner Welt.

Das klingt, zugegeben, ein wenig platt, ein bisschen nach Hollywood, doch werfen Sie einen Blick in Ihr Buchregal oder gucken Sie sich einen x-beliebigen Film an: Selbst in den simpelsten Krimiromanen steht am Ende fast immer entweder das Leben des Helden oder einer für ihn sehr wichtigen Person auf dem Spiel. Das Gleiche gilt für Thriller und Actionfilme, bei denen auch die potentielle Zerstörung der Welt oft eine Rolle spielt, während bei Komödien, Liebesfilmen und realitätsnahen Dramen zumindest der metaphorische Tod droht: der Verlust eines Jobs, die Aufgabe eines lang gehegten Traumes, die Trennung von der großen Liebe, der soziale Abstieg, der finanzielle Bankrott und, und, und.

Je größer die Fallhöhe und je schlimmer der Gegner, der Konflikt, desto mehr wünschen wir dem Helden, mit dem wir uns hoffentlich identifizieren, dass er sein Ziel erreicht. Desto mehr leiden wir mit ihm, wenn es zwischendurch immer wieder so aussieht, als würde er es nicht schaffen. Und desto mehr bewundern wir ihn, wenn er selbst aus den schwierigsten Situationen einen Ausweg findet.

4. Charakterentwicklung

Der vierte große Punkt schließlich, ohne den ebenfalls fast keine Geschichte auskommt, ist die Entwicklung, in erster Linie die Entwicklung des Protagonisten. In jeder Geschichte hat der Protagonist anfangs ein internes, persönliches Problem, das ihn davon abhält, mit seinem Leben zufrieden zu sein, oder ihm schlichtweg im Weg steht, sein volles Potential auszuschöpfen.

Am besten erkennbar ist das in der Regel bei Komödien: In „Und täglich grüßt das Murmeltier“ ist der Protagonist zu Beginn ein durch und durch zynischer, verachtenswerter Mensch, der seinen Job hasst, für seine Kollegen eine Qual darstellt und im Grunde keine Chance auf Liebe oder auch nur Freundschaft hat. Als sich sein Tag immer und immer wieder wiederholt, setzt nach und nach jedoch eine Veränderung ein, die sehr offensichtlich sein Problem angeht und seine Entwicklung nachzeichnet, bis er zum Schluss ein liebenswerter, freundlicher Mensch ist, der sein Leben genießen kann, Freunde und Frau gefunden hat.

Die Geschichte, auch wenn sie sehr gut erzählt und äußerst romantisch sein mag, ist natürlich ein wenig kitschig, aber sie zeigt die Entwicklung aufgrund der ständigen Wiederholung des immer gleichen Tages so deutlich wie kaum ein zweiter Film in diesem Genre.

Es braucht allerdings immer einen Stein des Anstoßes, um die Entwicklung in Gang zu setzen: Hier ist es der sich wiederholende Tag, bei „Spider-Man“ sind es Spinnenkräfte und der Tod der Tante, fast immer ist es ein Verlust, ein Rückschlag oder eine Bedrohung, die den Protagonisten zu einer Reaktion und somit zum Handeln zwingt.

Wir halten fest: Eine spannende oder lustige, in jedem Fall jedoch erzählenswerte Geschichte setzt sich aus unzähligen Bestandteilen zusammen. Elementar und so gut wie immer enthalten sind jedoch: Charakter, Setting und Plot, Konflikte, eine Fallhöhe sowie eine Entwicklung des Protagonisten.

Übung: Wählen Sie fünf Bücher oder Filme, die Sie lieben, sowie fünf Bücher oder Filme, von denen Sie enttäuscht waren, und versuchen Sie jeweils herauszufinden, was Konflikte, Fallhöhe und Entwicklung sind. Gibt es zwischen Ihrer Einschätzung des Werkes und den drei Faktoren womöglich einen Zusammenhang oder begründet sich Ihre Zu- oder Abneigung in Charakter, Setting und Plot?

Genres, Lesererwartung & Klischees

Zu den Grundlagen einer Geschichte zählen natürlich auch die verschiedenen Genres, die es zu unterscheiden gilt. Wir wollen an dieser Stelle nicht mit dem Unterschied zwischen Sci-Fi und Fantasy langweilen, weil wir stark davon ausgehen, dass Sie diesen als Autor kennen, doch die Wahl des Genres ist aus vielerlei Gründen entscheidend, da einen beim Schreiben einer Liebesgeschichte gänzlich anderen Herausforderungen begegnen als bei einer Komödie oder einem Thriller. Neben den naheliegenden Gründen – Schreiben Sie lieber spannend oder lustig? – spielt dabei vor allem eines eine enorme Rolle: die Erwartungshaltung der Leser und Zuschauer.

In nahezu jedem Genre hat sich über Jahrzehnte hinweg ein gewisser Standard etabliert, gerade was das Fernsehen angeht: In einem durchschnittlichen Krimi etwa halten sich die Ermittler nicht im Geringsten an viele in Deutschland geltende Gesetze und stoßen erst drei Mal auf eine falsche Fährte, bis sie im letzten Drittel dann endlich dem wahren Täter auf die Schliche kommen.

In einer romantischen Komödie trägt der Protagonist oder sein Love Interest fast immer ein Geheimnis mit sich herum, das kurz vor Schluss ans Licht kommt und ihre glückliche Beziehung noch einmal in Frage stellt. In einem Thriller wird entweder der Protagonist oder jemand, der ihm nahesteht, im Rahmen der Entscheidung als Geisel genommen. Und auch Fantasy- und Sci-Fi-Genre setzen nicht minder auf solche etablierten Plotelemente.

Es ist leicht, diese typischen Bestandteile als Klischees abzutun, doch das Problem für Autoren ist: Zu einem gewissen Grade werden sie von einem nicht kleinen Teil der potentiellen Leser und Zuschauer erwartet! TV-Krimis laufen fast immer nach dem gleichen Schema ab, der durchschnittliche Zuschauer hat es bereits tausend Mal gesehen und doch guckt er es gerne, ist oft sogar enttäuscht, wenn eine Folge oder ein Film von der klassischen Formel abweicht, den Täter zu früh enthüllt oder das Ende zur Interpretation offen lässt.

Nun ist das deutsche Fernsehen ohnehin nicht für seinen Mut zur Innovation bekannt, doch auch bei Büchern gelten im Großen und Ganzen diese Spielregeln: Der Leser möchte auf der einen Seite zwar überrascht werden, auf der anderen aber auch das bekommen, was er erwartet – was für Sie als Autor einen enormen, manchmal kaum zu schaffenden Spagat darzustellen scheint.

Fest steht: Die Lesererwartung muss im Grunde immer erfüllt werden, sonst haben Sie es mit einem unzufriedenen Leser zu tun. Leider gibt es kein Patentrezept für dieses Problem, nur zwei grobe Anhaltspunkte, die Sie beachten sollten, weshalb auch das Thema Genres hier überhaupt angesprochen wird. Und zwar:

1. Machen Sie sich klar, welche Plotelemente, welche Klischees, in dem Genre, das Sie schreiben, fast immer eingesetzt werden! Wenn Sie Klischees als solche erkennen, können Sie versuchen, sie zu umschiffen, ohne die Erwartungen der Leser dabei zu brechen.

Nehmen wir an, Ihr Held muss in eine geheime Anlage seiner Widersacher schleichen. Das typische Klischee ist es, entweder durch Lüftungsschächte zu krabbeln, was in der Realität vermutlich noch nie funktioniert hat, oder aber in die Rolle eines Gegners zu schlüpfen, was ebenfalls etliche Probleme mit sich bringt. Wenn Sie diese Klischees, die Ihnen vermutlich auch als erstes in den Sinn gekommen sind, als solche identifiziert haben, überlegen Sie, ob es nicht eine dritte Lösung geben kann – am besten eine, in der die besonderen Fähigkeiten Ihres Helden zum Einsatz kommen, oder aber eine, die Ihren Helden besonders leiden lässt.

2. Verstehen Sie und respektieren Sie, welche Erwartungen Sie mit Ihrer Geschichte wecken – und versuchen Sie dann, mit diesen Erwartungen zu spielen!

Wenn Sie einen Krimi schreiben, müssen Sie sich darüber im Klaren sein, dass Ihre Leser am Ende eine Auflösung des Falles erwarten. Es mag realistischer, mutiger und innovativer wirken, das Ende offen zu lassen, doch die große Mehrheit der Leser kann sich mit dem Gedanken nicht anfreunden, sie will einen Abschluss der Geschichte, ein befriedigendes Ende – das wurde in der Vergangenheit mit ganz, ganz wenigen Ausnahmen oft genug bewiesen.

Sinnvoller ist es, im Verlauf der Geschichte den Leser mit Wendungen, die durchaus gegen seine Erwartungen laufen können, zu überraschen, ohne die Grundlagen des Genres zu vernachlässigen.

Stellen Sie sich Ihre Geschichte wie eine Autofahrt von, sagen wir, Köln nach München vor: Wenn Sie die Autobahn nehmen, kommen Sie schnell ans Ziel, doch Ihre Beifahrer sehen nichts von der Landschaft und Sie wählen die gleiche Strecke wie Millionen andere Autofahrer auch. Zuckeln Sie hingegen über die Landstraße und kommen am Ende nur in Castrop-Rauxel an (nichts gegen Castrop-Rauxel!), werden Ihre Mitfahrer vermutlich ebenso enttäuscht sein. Der beste Weg führt an das anfangs versprochene Ziel, aber nicht immer über die erwartete Strecke und nicht auf dem schnellsten Weg.

In gewisser Weise ist es eine Art Wettkampf zwischen Ihnen als Autor sowie dem Leser: Der Leser sollte das Gefühl haben, die Geschichte nach dem ersten Drittel klar zu durchschauen – und es ist Ihre Aufgabe, ihn im weiteren Verlauf und vielleicht auch am Ende eben doch noch zu überraschen. Dabei müssen Sie allerdings mit fairen Mitteln spielen, Wendungen müssen etabliert und vor allem nachvollziehbar und logisch, sein – denn niemand mag einen Gegner, der mit unfairen Mitteln kämpft.

Wir halten fest: Jedes Genre, egal ob als Buch oder als Film, verfügt mittlerweile über so viele Geschichten, dass sich unzählige Klischees etabliert haben. Wann immer Sie eine naheliegende Antwort auf ein Problem gefunden zu haben glauben, hinterfragen Sie diese Antwort: Würde sich ein echter Mensch so verhalten oder handelt es sich um ein Klischee?

Und, falls sie beides bejahen können, gibt es nicht eine überraschendere Lösung für das Problem? Der erste Einfall ist selten der beste!

Zugleich können Sie jedoch auch mit Klischees spielen, um die Erwartungen des Lesers in eine bestimmte Richtung zu lenken – und ihn dann zu überraschen.

Übung: Greifen Sie das Genre heraus, mit dem Sie selbst am besten vertraut sind, und erstellen Sie eine Liste aller häufig verwendeten Klischees, alternativ auch konkret anhand eines Buchs oder Films. Dabei kann es sowohl um einzelne Szenen und Verhaltensmuster gehen als auch um ganz typische Plotelemente. Haben Sie zwanzig Klischees notiert, hinterfragen Sie sie: Sind sie realistisch? Und welche Alternativen gäbe es für sie?

Thema und Botschaft

Ein sehr schwammiger Begriff, der dennoch regelmäßig von Autoren, Lektoren und Redakteuren, schlichtweg allen, die mit dem Erzählen von Geschichten etwas zu tun haben, verwendet wird, ist das Thema. Was ist das Thema einer Geschichte? Und was ist überhaupt ein Thema? Lediglich der Inhalt?

Das ist wiederum eine gute Frage, denn der Begriff kann vollkommen unterschiedlich definiert und ausgelegt werden: In „Jurassic Park“ etwa könnten ganz grob formuliert einfach die Dinosaurier und ihr Ausbruch das Thema sein. Es könnte aber auch die Problematik des Klonens sein. Die Frage, wie weit die Wissenschaft gehen darf. Oder wie weit wir als Menschen bereit sind, Risiken einzugehen, um – hier in Form des

Vergnügungsparks – unterhalten zu werden. Sogar die Geltungssucht des Initiators könnte das Thema sein. Vielleicht hat „Jurassic Park“ aber auch einfach nur fünf verschiedene Themen, die im besten Fall ineinandergreifen, manchmal aber auch miteinander konkurrieren mögen.

Um es auf den Punkt zu bringen: *Das* Thema ist in erster Linie etwas, das Verlage und Produzenten interessiert, wenn es um die Vermarktung des Buchs geht, für Autoren jedoch zweitrangig sein kann. Es gilt lediglich, den Fehler zu vermeiden, zu viele Themen unter einen Hut bringen zu wollen. Wer seinen Lesern die ganze Welt erklären will, läuft Gefahr, unfokussiert zu erzählen und sein Potential nirgendwo auszuschöpfen. Beschränken Sie sich auf das, was Ihnen wirklich wichtig ist, und zögern Sie nicht, unnötigen Ballast zu streichen! Dabei helfen auch die Botschaft und das, was manche als den „X-Faktor“ bezeichnen.

Fangen wir mit dem Einfacheren an, denn die Botschaft erklärt sich im Grunde von selbst: Sie ist das, was Sie mit Ihrer Geschichte aussagen wollen. Was Sie dem Leser mit auf dem Weg geben möchten. Was er im Gedächtnis behalten, worüber er womöglich sogar nachdenken soll. Und auch wenn die Botschaft mit dem Thema in Verbindung steht, muss sie sich nicht zwangsläufig dieses Themas bedienen.

Denken Sie zum Beispiel an „Harry Potter“: Die Romane erzählen vorrangig von der Magie und dem Erwachsenwerden, die Botschaft hingegen ist eindeutig, dass man mit Liebe und dem Zusammenhalt unter Freunden das Böse besiegen kann. Eine Botschaft, die man auch in beinahe jeder anderen Kulisse erzählen könnte, die mit Zauberei im Grunde gar nichts und mit dem Erwachsenwerden nur am Rande zu tun hat.

Oder nehmen wir den Film „The Matrix“: Sein Thema ist in erster Linie die Frage, was wir als echt erachten und was nicht, was unsere Welt aus welchem Grund real macht. Die Botschaft nimmt Bezug auf dieses Hinterfragen unserer vermeintlichen Realität, sie spricht sich jedoch auch gegen den Gehorsam aus und für die Individualität, die Stärke des Einzelnen, was wiederum nur am Rande mit dem Thema in Verbindung steht. Eine Botschaft, die am Ende des Films übrigens recht plump an die Zuschauer telegrafiert wurde.

Das ist zugleich auch der größte Fehler, den man als Autor in diesem Zusammenhang machen kann: Die Botschaft sollte nie zu offensichtlich sein. Nicht selten liest und hört man jedoch vor allem Dialoge, die so klingen als würde der Autor und nicht seine Figur direkt zu den Lesern und Zuschauern sprechen. Das reißt nicht nur aus der Welt heraus, es erinnert auch an den erhobenen Zeigefinger und den mag letzten Endes wiederum niemand.

Wenn Sie eine Geschichte mit Botschaft schreiben wollen – und das ist selbst in eher simplen Genres wie dem Young Adult nicht unüblich, denken Sie etwa an „Die Tribute von Panem“! –, dann tun Sie es so, dass der durchschnittliche Leser es nur unterbewusst wahrnimmt. Denn er oder sie will in erster Linie gut unterhalten werden, vielleicht ein paar Denkanstöße mitnehmen, aber er will nicht belehrt werden.

Überhaupt ist es die ganz hohe Kunst des Schreibens, dem Leser das Gefühl zu geben, er würde selbst etwas für ihn Verborgenes wahrnehmen: Überlegen Sie, wann Sie selbst sich als Leser am besten fühlen! Ist es nicht eben dann, wenn Sie den Eindruck gewinnen, eigenständig etwas herauszufinden und subtile Zusammenhänge zu verstehen? Natürlich birgt das die

Gefahr, dass Ihre Botschaft an dem ein oder anderen Leser vorbeiläuft, das lässt sich kaum vermeiden, aber es ist immer die bessere Variante als dem Leser eine Lehrstunde zu erteilen.

Bedenken Sie zudem, dass eine Botschaft die Gefahr birgt, es sich mit dem Leser zu verscherzen. Auch die am besten erzählte Geschichte mag letzten Endes bei dem ein oder anderen auf Ablehnung stoßen, wenn sie sich als vehemente Predigt über Religion, Sex, Veganismus oder irgendein anderes umstrittenes Thema entpuppt.

Selbstverständlich kann die Botschaft das Risiko trotzdem wert sein, vielleicht sogar dann erst recht. Sie sollten sich als Autor aber darüber im Klaren sein, dass Sie mit einer Botschaft viel stärker und häufiger anecken können, als wenn Sie einen ganz gewöhnlichen Krimi schreiben.

Wir halten fest: Das Thema einer Geschichte ist ein schwer zu definierender Begriff, denn fast immer gibt es mehr als nur ein Thema. So lange Sie sich über Prämisse und eine etwaige Botschaft im Klaren sind, können Sie das Thema jedoch auch der Interpretation überlassen.

Beachten Sie jedoch: Es ist zu verlockend, ein Buch oder Drehbuch über ein aktuelles Thema aus den Nachrichten zu schreiben. Zum einen sind Sie aber nicht der Einzige, der auf diese Idee kommt, zum anderen vergehen bis zur potentiellen Veröffentlichen unter Umständen zwei bis drei Jahre, in denen das Thema seine Aktualität längst verloren haben kann.

Auch in diesem Fall ist das Umschreiben oder das Ausweichen auf eine Fantasy- oder Sci-Fi-Welt oft die bessere Variante als der direkte Bezug.

Der X-Faktor

Der schon zuvor erwähnte X-Faktor klingt ähnlich schwer zu definieren wie das Thema, ist aber in gewisser Weise unmittelbar damit verknüpft, denn als X-Faktor bezeichnet man in etwa das, was ein Buch interessant und außergewöhnlich macht, es aus der Masse hervorstechen lässt.

Denn mal ehrlich: Die Mehrheit der Bücher, Filme und TV-Serien ist heute zwar gut, aber eben nicht herausragend. Vieles davon lässt sich bestens gucken oder lesen, weil es einfach zu einem gewissen Grade entspannend ist, aber Sie kämen nie auf die Idee, es ein zweites Mal zu konsumieren – oder es gar Ihren Freunden zu empfehlen. Es ist mehr ein Konsum aus Gewohnheit und der Lust am Abschalten denn aus echter Begeisterung und Freude.

Aber wollen Sie solch ein Buch schreiben? Ein Buch, das Ihnen vielleicht ein paar tausend Euro einbringt, aber letzten Endes nur „ganz nett" ist? Oder wollen Sie etwas schreiben, das Menschen wirklich begeistert, das in ihnen etwas auslöst, das sie lesen und unbedingt weiterempfehlen möchten?

Maßgeblich abhängig ist das Weiterempfehlen und das Erzeugen von Emotionen beim Leser selbstverständlich von Charakter, Setting und Plot, worauf wir als nächstes eingehen werden, doch der erste Schritt auf dem Weg dorthin ist es, Aufmerksamkeit zu generieren, mit einer besonderen Idee Interesse zu wecken – und eben das ist der X-Faktor.

Denken Sie an „Er ist zurück" von Timur Vermes, das die bis heute in Deutschland doch so allgegenwärtige Figur des Adolf Hitler tatsächlich und nicht nur als Gespenst in unsere Zeit bringt: Das Buch hätte inhaltlich schon eine schwere Katastrophe sein müssen, um nicht Aufmerksamkeit und Interesse zu erzeugen. Der X-Faktor ist in diesem Fall also bereits die Prämisse.

Aber auch ein „Fluch der Karibik“ hat einen X-Faktor: Auf den ersten Blick ist es ein recht gewöhnlicher, einigermaßen amüsanter Abenteuerfilm wie es in den Jahrzehnten zuvor schon etliche gab, dennoch stellte die Reihe in Hinblick auf die Besucherzahlen alles andere in ihrem Genre in den Schatten. Warum? Vermutlich war es in erster Linie die spannende, ungewöhnliche Figur des Jack Sparrow in Verbindung mit der großartigen Darstellung durch Johnny Depp: Ohne Sparrow und Depp hätte es die Reihe kaum auf fünf Teile gebracht.

Selbst ein „Harry Potter“ verfügt über einen X-Faktor; es mixt das Bekannte geschickt mit dem Mysteriösen, versieht es also mit einem Twist, wie wir schon angesprochen haben. Der X-Faktor ist dabei der menschliche Wunsch nach dem Fantastischen, nach einzigartigen Kräften, hier in Verbindung mit unseren Erinnerungen an die eigene Kindheit.

Jede besonders erfolgreiche Geschichte besitzt eine Art X-Faktor, teils bewusst, teils unbewusst, der sie aus der Masse hervorstechen lässt. Es kann eine ganz simple Idee sein, ein Twist (denken Sie an „The Sixth Sense“), eine Figur oder auch eine Botschaft – solange es Aufmerksamkeit erregt oder sich möglichst viele Menschen damit identifizieren können.

Wenn Sie über etwas sagen können: „Das ist eine verdammt clevere Idee, davon möchte ich jemandem erzählen!“, dann sind Sie auf der richtigen Fährte.

Wir halten fest: Wenn Sie nicht einfach nur irgendeine Geschichte schreiben, sondern Aufmerksamkeit erzeugen wollen, braucht Ihre Story einen besonderen Kniff. Es ist nicht leicht –

oder sogar unmöglich – gezielt den perfekten X-Faktor zu finden, sonst würde es jeder tun, doch sollten Sie sich beim Schreiben immer die Frage stellen: Was genau macht meine Geschichte besser und interessanter als die tausend anderen Bücher oder Filme in diesem Genre? Wenn Sie als Leser in eine Buchhandlung gingen, warum würden Sie ausgerechnet Ihr Buch aus der Masse herauspicken und es anschließend auch noch weiterempfehlen?

Übung: Denken Sie an Ihre zehn Lieblingsbücher oder Lieblingsfilme: Was macht sie zu etwas Besonderem? Fast immer sollte sich mindestens ein Punkt finden lassen, der den meisten anderen Werken in diesem Genre überlegen ist.

Die so genannte Schreibblockade

Bevor wir die eigentliche Arbeit beginnen, sei noch kurz ein Thema erwähnt, das leider gerade bei der Vorstellung von der Arbeit eines Autors viel zu viel Beachtung findet: Die ominöse Schreibblockade, auch als Writer's Block aus dem Englischen bekannt. Was soll man als Autor tun, wenn es einen selbst trifft, wenn man einfach nichts aufs Papier bringen kann, einem keine Ideen in den Sinn kommen, man tage- oder gar wochenlang auf der Stelle tritt?

Die beste Antwort darauf lautet: Die Schreibblockade existiert nicht. Natürlich gibt es – wie in jedem anderen Beruf auch – manchmal bessere und manchmal schlechtere Tage; an einem Tag sprudeln die Ideen nur so aus Ihnen heraus, an anderen müssen Sie sich von Satz zu Satz hangeln und das ist vollkommen normal. Wenn Sie aber wirklich irgendwann das Gefühl haben, mehrere Tage oder gar Wochen überhaupt nichts schreiben zu können, dann ist das kein natürliches Phänomen, sondern es läuft etwas falsch!

Die erste Frage, die Sie sich daher bei einer vermeintlichen Schreibblockade stellen sollten, ist: Habe ich überhaupt Lust zu schreiben? Im Gegensatz zu anderen Berufen zwingt uns Autoren in den meisten Fällen niemand dazu, unserer Arbeit nachzugehen – selbst wenn eine Deadline naht, kann man sich immer noch damit herausreden, ja zu einem späteren Zeitpunkt mehr schreiben zu können. Und wenn Sie keine Lust haben, können Sie auch nicht schreiben, also tun Sie etwas anderes! Das ist ein Mangel an Motivation, aber keine Blockade.

Falls Sie Lust haben, falls Sie schreiben wollen, dann aber tatsächlich das Gefühl entwickeln, dass Ihnen tagelang schlicht nichts einfällt, stellt sich die Frage: Wie lange versuchen Sie denn zu schreiben – und wie?

Schreiben, auch wenn es häufig romantisiert wird, ist letzten Endes eine Arbeit wie so viele auch, was nichts anderes bedeutet als: Man muss ihr zumindest im Schnitt mehrere Stunden pro Tag nachgehen, wenn man erfolgreich sein will. Setzen Sie sich nur mal kurz vor den Computer, starren eine weiße Seite an und surfen dann im Netz herum, weil Ihnen „nichts einfällt", ist auch das keine Schreibblockade, nur eine mangelhafte Arbeitsauffassung.

Setzen Sie sich an den PC, schalten Sie alle Ablenkungen aus, legen Sie die Finger auf die Tastatur und bleiben Sie so lange so sitzen, bis Ihnen etwas in den Sinn kommt!

„Aber das mache ich doch alles", sagt nun manch einer. „Ich sitze mehrere Stunden am Tag vor meiner Geschichte, aber es wollen einfach keine Ideen, keine Worte kommen. Ist das nicht eine Schreibblockade?"

Beantworten wir die Frage mit einem Experiment: Legen Sie Ihre aktuelle Story beiseite, nehmen Sie eine andere Prämisse aus Ihrem Ordner für Zukunftsmusik und versuchen Sie, für diese etwas zu schreiben!

Zu neunundneunzig Prozent gelingt Ihnen das, was nichts anderes bedeutet als: Sie haben keine Schreibblockade, Sie sind nur mit Ihrer aktuellen Geschichte nicht zufrieden.

In dem Fall heißt es, Analyse zu betreiben: Was war Ihre ursprüngliche Idee und was hat Sie daran begeistert? Werfen Sie einen Blick auf Ihre Prämisse, was Sie mit der Geschichte aussagen wollten und was Sie daran faszinierte! Erfüllt das, was Sie bisher erreicht haben, Ihre einstigen Erwartungen? Oder weicht Ihre Story davon ab? Was könnten Sie verbessern, um Ihrem ursprünglichen Ziel wieder näherzukommen?

Häufig ist es einfach das unangenehme Gefühl der eigenen Unzufriedenheit, der Unklarheit und Unsicherheit, das als Schreibblockade missverstanden wird. Fast jeder Autor verspürt im Laufe des Schreibprozesses irgendwann das Gefühl, das er schlecht schreibt, alles keinen Sinn ergibt, die Figuren langweilig sind und die Dialoge hohl klingen. Das ist ganz normal und wenn Sie es mit Ihrer Arbeit ernst meinen, wenn Sie Ihre Geschichte wirklich erzählen wollen, dann ist es allein Ihre Aufgabe, trotzdem weiterzumachen.

Fast jeder Roman und jedes Drehbuch hat einen bestenfalls mäßigen ersten Entwurf, der Feinschliff kommt erst nach ein paar Überarbeitungen. Machen Sie sich das bewusst!

Wir halten fest: Es gibt keine Schreibblockade, es gibt nur die Angst zu scheitern, die Angst, etwas zu tun, das die eigenen Fähigkeiten zu übersteigen scheint. Und Ihre Reaktion darauf sollte nicht lauten: „Dann mache ich es eben nicht", sondern: „Jetzt mache ich es erst recht!".

Stellen Sie sich Ihrer Angst und nutzen Sie sie als Motivator, nicht als Bremse, auch wenn es angenehmer sein mag, sich in der „romantischen" Schreibblockade zu verkriechen, um keine Risiken einzugehen.

Übung: Falls Sie in der Ideenfindung, Entwicklung oder beim Schreiben einfach nicht vorankommen, treten Sie einen Schritt zurück und konsultieren Sie Ihre Notizen beziehungsweise schreiben Sie auf, was Sie mit Ihrer Geschichte aussagen wollten und warum Sie sie anfangs erzählenswert fanden.

Hilft das nicht, schieben Sie eine Einheit Freewriting ein und beginnen Sie mit dem Satz: „Meine größte Angst beim Schreiben ist es…" oder „Ich komme einfach nicht voran, weil…"!

Die Antwort findet sich dann meistens innerhalb der ersten Minuten von alleine und mag Sie sogar selbst überraschen.

Figuren finden

Sie kennen nun die Eckpfeiler einer Geschichte und haben vermutlich bereits einen Haufen Ideen, die aber weiterhin recht zusammenhangslos wirken. Hier ein paar Details zum Setting, da potentielle Charakterzüge der Hauptfigur, ein paar Szenen, die im Laufe der Story auftauchen könnten, vielleicht aber auch nicht – es ist ganz normal, das bisher alles recht konfus wirkt, weshalb es jetzt in die konkrete Entwicklung geht.

In den folgenden Kapiteln erschaffen Sie glaubhafte Figuren mit Stärken und Schwächen, finden eine interessante Welt, in der die Geschichte spielt und fügen Ihre Ideen zu einem spannenden oder lustigen, vor allem aber stimmigen und gut erzählten Plot zusammen.

Charakter, Setting und Plot sind die wesentlichen Bestandteile, die Sie entwickeln werden, allein die Frage nach der Reihenfolge mag sich noch stellen: Ist der Plot das Wichtigste, muss man also als erstes herausfinden, welche Geschichte man erzählen will, bevor man sich um Charaktere und Setting kümmert? Steht eben jenes Setting ganz oben auf der Prioritätenliste und sollte man erst seine Welt kennen, bevor man Figuren und Plot darin erschaffen kann? Oder sind es nicht doch die Figuren, aus deren Stärken und Schwächen sich eine Geschichte ableitet?

Im Prinzip ist alles möglich. Welche Reihenfolge Sie wählen oder ob Sie überhaupt eine wählen, liegt bei Ihnen, und es ist nicht zuletzt davon abhängig, welche Schwerpunkte Sie setzen: Wenn die Welt für Sie zunächst im Vordergrund steht, weil Sie zum Beispiel ein Fantasy- oder Sci-Fi-Universum erschaffen, ist es durchaus logisch, mit dem Setting zu beginnen.

Haben Sie hingegen eine ganz bestimmte Geschichte inklusive Twists bereits vor Augen, spricht nichts dagegen, mit dem Plot anzufangen. Weil Charakter, Setting und Plot jedoch immer in Verbindung zueinander stehen und miteinander interagieren, kann man auch schlichtweg kreuz und quer arbeiten.

In diesem Buch beginnen wir mit den Charakteren, aus einem simplen Grund: Eine spannend ausgearbeitete und faszinierende Welt kann wundervoll sein, ein Plot uns mit seinen Wendungen Seite um Seite verschlingen lassen, doch letzten Endes interessieren wir uns als Leser für menschliche Schicksale, für Figuren und ihre Entwicklungen – und das ist es auch, was wir von den besten Romanen und Filmen in Erinnerung behalten. Plot und Setting können unterhalten und begeistern, doch letzten Endes funktioniert keine Welt, keine Geschichte, ohne spannende Figuren, ohne ihre Konflikte, Entwicklungen und Beziehungen zueinander.

Wir brauchen Figuren, mit denen wir uns als Leser oder Zuschauer identifizieren oder mit denen wir zumindest mitfiebern können, und wir brauchen genauso Figuren, denen wir die Pest an den Hals wünschen. Wir brauchen lustige Sidekicks, wir brauchen auch tragische Figuren – und die stärksten Wendungen sind noch immer die, in denen sich ein vermeintlicher Freund als Feind herausstellt oder umgekehrt.

Es ist nicht selten, dass Sie zu diesem Zeitpunkt zwar bereits einen groben Plot vor Augen haben, ihm aber noch etwas Wichtiges zu fehlen scheint: die menschliche Komponente. Eine Geschichte mag sich vorrangig um einen Mord, eine Beziehung oder um ein Abenteuer drehen, doch was uns mindestens ebenso sehr interessiert, ist fast immer die Entwicklung des Protagonisten, der anfangs mit einem Problem kämpft und dann im Laufe der Geschichte dieses Problem bewältigt, trotz aller Hindernisse, die ihm in den Weg gelegt werden oder die er sich selbst in den Weg legt.

Wir wollen mit ihm mitfiebern, mit ihm lachen, mit ihm weinen und um sein Leben bangen. Dabei spielen Plot und zu einem gewissen Grade auch das Setting mit rein, aber es ist der Charakter an sich, der im Zentrum steht und all das bestimmt, denn er ist es, der handelt, der reagiert und agiert. Der unter Druck gerät und unter diesem Druck sein wahres Ich offenbart.

Gleichwohl ist eins ganz wichtig: Charaktere schlagen zwar Teile des Plots vor, sie legen bestimmte Entwicklungen und Wendungen nahe, aber sie dürfen nicht allein den Plot bestimmen – beziehungsweise nur zu einem gewissen Grade. Der vielleicht häufigste Fehler beim Schreiben von Bücher und Drehbüchern ist es, sich zu sehr von seinen Figuren lenken zu lassen, sie das Steuer in die Hand nehmen und die Handlung dirigieren zu lassen. Tatsächlich muss genau das Gegenteil der Fall sein: Der Plot arbeitet in gewisser Weise gegen die Figuren und insbesondere natürlich gegen Ihren Helden.

Nun aber genug der Theorie und Vorrede, kommen wir zur Sache!

Figuren entwickeln

Was ist eine Geschichte? Was brauchen Sie, um eine gute Geschichte zu erzählen? Eine Frage mit vielen Antworten, wie wir zuvor bereits gesehen haben, doch die einfachste ist: Eine Geschichte ist das, was geschieht, um eine Figur von Punkt A nach Punkt B kommen zu lassen.

Geschichten, auch wenn sie sich vorrangig auf die großen, externen Ereignisse konzentrieren mögen, brauchen immer einen Helden, einen Protagonisten, eine zentrale Figur, die im Laufe dieser Geschichte eine ganz klare und unwiderrufliche Veränderung durchlebt. Hervorgerufen wird diese Veränderung meistens durch einen externen Konflikt, der sie dazu auffordert oder gar zwingt, ein eigenes, internes Problem zu überwinden.

Aber das ist erst der zweite Schritt der Entwicklung. Der erste Schritt lautet:

Welche Figuren könnten auftauchen?

Sobald Sie eine grobe Vorstellung von Ihrer Geschichte haben – und auch wenn diese Vorstellung nicht mehr als nur eine Prämisse ist –, kommen Ihnen ganz automatisch ein paar Figuren in den Sinn, die in dieser Geschichte existieren könnten.

In Polizeikrimis etwa gibt es fast immer mindestens einen Kommissar oder eine Kommissarin, ein Opfer und dessen Angehörige, einen Mediziner, mehrere Verdächtige, einen Anwalt und natürlich den Täter. Häufig auch Polizeichefs, Staatsanwälte sowie die Öffentlichkeit und Presse. In anderen Genres, selbst in Krimis, in denen Ihr Held kein einfacher Polizist ist, haben Sie jedoch mehr Optionen und können Ihrer Kreativität freien Lauf lassen.

Was wäre die überraschendste Figur, die in Ihrer Geschichte auftauchen könnte? Was wäre der ungewöhnlichste Held? Was sein unüblichster Gegenspieler? Wie könnten sie sich von der Norm unterscheiden? Welche Charakterzüge bieten im Kontext der Geschichte die meisten Konflikte? Und was ist in der Vergangenheit passiert, damit sie diese Charakterzüge entwickeln konnten – oder sogar entwickeln mussten?

Versuchen Sie, sich beim ersten Finden der Figuren nicht zu sehr von den Erwartungen und Klischees des jeweiligen

Genres lenken zu lassen, sondern zunächst in groben Zügen Ideen zu sammeln und noch möglichst viel offen zu halten. Schreiben Sie zu Beginn nicht: „Der Held ist ein Reporter“, sondern „Der Held könnte ein Reporter sein?“ Fast immer finden Sie nämlich noch eine bessere, spannendere Lösung.

Natürlich hilft beim Finden der Figuren schon eine grobe Vorstellung vom Setting, aber es ist dafür nicht elementar. Denn das Setting allein schlägt fast immer nur die sehr naheliegenden Figuren vor und es sind in erster Linie die überraschenden, die ungewöhnlichen, dabei aber eben doch stets glaubwürdigen und in der Wirklichkeit verankerten Figuren, die wir in Erinnerung behalten.

Übung: Erstellen Sie eine Mindmap oder Liste aller Figuren, die in Ihrer Geschichte auftauchen könnten, und beginnen Sie auch hier zunächst mit dem Allgemeinen, um sich dann in das Spezifische vorzuarbeiten!

Welche Rolle spielt eine Figur?

In der klassischen Dramaturgie und Psychoanalyse von Plato bis Jung gibt es nur sehr wenige so genannte Archetypen, in die sich sämtliche Charaktere einordnen lassen sollen. Ohne eine Geschichtsstunde abhalten zu wollen, ist es dennoch sinnvoll, die möglichen klassischen Rollen einer Figur zumindest einmal gehört und einen gewissen Überblick über sie zu haben. Die üblichen Schubladen in diesem Zusammenhang sind:

- Der Held, der die Geschichte lenkt und sein eigenes Schicksal in die Hand nimmt, für das Gute einsteht und sich, wenn nötig, für den Zweck selbst aufopfert.

- Der Vater, der Mentor, welcher dem Helden wertvolle Ratschläge mit auf seine Reise gibt, ihm vielleicht auch seine Probleme aufzeigt und von dem der Held sich eines Tages lossagen muss.
- Der Herold, er überbringt dem Helden die Nachricht, dass er sich verändern muss. In der heutigen Dramaturgie ist der Herold jedoch selten eine einzelne Figur, häufiger ein Ereignis.
- Der Schwellenhüter, der häufig ein erstes Hindernis darstellt, das der Held überwinden muss, um seine Reise, sein Abenteuer, aufnehmen zu können. Er kann aber auch unterwegs ein Hindernis darstellen.
- Der Schatten, ein starker Gegner, repräsentativ für das Böse in der Welt, dazu zählen der Antagonist und seine Helfer.
- Der Schwindler, eine Figur für Comic Relief, also die komischen Momente der Erleichterung auf der schweren Reise. Heute häufig in Form eines Sidekicks.
- Der Gestaltwandler, er kann sowohl gut als auch böse sein und, wie der Name schon sagt, sich jederzeit ändern, den Helden überraschen. Der bekannteste Gestaltwandler ist die *femme fatale* im film noir.

Wie schon angedeutet: Die Archetypen sind historisch durchaus relevant, in guten, modernen Geschichten werden Figuren aber so geschrieben, dass sie sich nicht nur in eine, sondern in gleich mehrere dieser Schubladen stecken lassen und aus ihnen herausragen. So kann ein Mentor beispielsweise natürlich auch eine Frau sein, im späteren Verlauf der Geschichte die Gestalt wandeln und sich als Schatten herausstellen.

Deshalb ist es heute sinnvoller, offener zu denken und Figuren nur grob in vier Kategorien einzuordnen, ohne die Rolle unmittelbar etwas über den Charakter aussagen zu lassen:

- Der Protagonist: Die Figur, die die größte Veränderung durchlebt, in den meisten Fällen also der Held. „Held" ist jedoch vor allem zu Beginn nicht gleichbedeutend mit heroischen Taten; es gibt häufig auch widerwillige Helden, die erst zu ihrem Glück gezwungen werden müssen, und tragische Antihelden.
- Der Antagonist: Die Figur, die dem Protagonisten im Hinblick auf sein Ziel und seine Entwicklung nicht nur im Weg steht, sondern gegenläufige Ziele verfolgt – und alles tut, um den Protagonisten zu stoppen. Sie tut das jedoch in der Regel nicht aus reiner Boshaftigkeit, sondern weil sie sich selbst als Held in ihrer eigenen Geschichte sieht. „Von Natur aus" böse Antagonisten wirken meistens eindimensional und langweilig.
- Die Helfer des Antagonisten: Neben den typischen Handlangern und Komplizen eines Bösewichts gibt es häufig auch unscheinbarere und indirekte Helfer des Antagonisten, die den Protagonisten bremsen und ihn von seiner Veränderung abhalten wollen. Dabei kann es sich um Freunde, um Mütter, um Ex-Freunde, um Chefs, um Ärzte, um die Polizei, um nahezu jeden handeln, der für den Protagonisten ein Hindernis darstellt. Sie ähneln den zuvor genannten Schwellenhüter, da der Protagonist sich zunächst ihnen stellen, sich verändern und sie überwinden muss, um sein großes Ziel zu erreichen.

- Die Helfer des Protagonisten: Den Mentor etwa gibt es weiterhin, aber seltener in der klassischen Vaterfigur eines Obi-Wan Kenobi. Häufiger ist der Mentor zugleich bester Freund des Helden, ihm kommt dann in vielen Fällen auch die Rolle des Herolds zu, indem er den Helden auf sein Problem hinweist – schließlich ist er es, der ihn am besten kennt.

Grundsätzlich lässt sich nahezu jede Figur einer Story in eine dieser vier Kategorien einordnen: Ein Charakter ist entweder der Held oder sein Gegenspieler – oder aber er ist Helfer des Helden oder Helfer des Gegenspielers. Selbst ein vermeintlich harmloser, unschuldiger Nachbar des Helden kann zum Helfer des Gegenspielers werden, wenn er sich dem Protagonisten im unglücklichsten Zeitpunkt in den Weg stellt.

Natürlich können Sie in diesen groben Schubladen noch weitere Unterteilungen vornehmen, um die Rolle einer Figur zu definieren: Es gibt den besten Freund, es gibt den klassischen Sidekick als Comic Relief, es gibt Väter und Mütter, es gibt Gestaltwandler, Schwindler und noch so viel mehr.

Es wäre jedoch ein Fehler, eine Figur zu früh in eine klar definierte Schublade zu stecken und ihr nicht den Freiraum zu lassen, sich im Laufe der Geschichte zu entwickeln. Deshalb gibt es zum Abschluss dieses Kapitels auch keine Übung und wir kümmern uns direkt um den ersten großen Schritt, um aus unseren groben Figuren echte Charaktere zu entwickeln.

Ziel und Problem einer Figur

Was sind die langweiligsten Figuren in Büchern und Filmen? Figuren, die reine Klischees sind, die sich als exakt das herausstellen, was man von ihnen erwartet? Nicht ganz, das sind die zweitlangweiligsten. Die langweiligsten sind die Figuren, die keinerlei eigene Ziele verfolgen und dem Helden auf dem Weg zum Ziel womöglich sogar ohne Gegenleistung helfen.

Vor allem in Krimis, aber auch in Komödien, sind diese Figuren jedoch leider nicht selten. Denken Sie an einen privaten Ermittler – aber nicht zwangsläufig einen Detektiv –, der aus persönlichen Gründen in einem Fall nachforscht und dafür Zeugen befragen muss: Wie oft kommt es vor, dass diese Zeugen ihm bereitwillig Auskunft über Gott und die Welt erteilen, obwohl er kein Polizist ist und er ihnen auch sonst keinen ernsthaften Grund gibt, mit ihm zu reden, sich ihm anzuvertrauen? Diese Figuren sind dann keine echten Charaktere, sondern reine Stichwortgeber, die der Autor eingebaut hat, um irgendwelche Informationen an den Leser oder Zuschauer sowie den Helden zu transportieren. Selbst im wahren Leben würden wohl nur die wenigsten Menschen gegenüber einer x-beliebigen, ihnen völlig unbekannten Person aus dem Nähkästchen plaudern. Mit anderen Worten:

Jede Figur braucht ein starkes und klar definiertes Ziel.

Insbesondere gilt das natürlich für Ihren Helden: Ein Kommissar, der in einem Mordfall ermittelt, weil es eben sein Job ist, mag für die typischen Krimiserien gerade noch ausreichend sein, für Romane und Filme ist er das aber lange nicht mehr. Der Held benötigt eine klare Motivation, er darf gar keine andere Wahl haben, als sein Ziel zu erreichen und alles dafür zu geben, weil nicht nur eine Niederlage, sondern auch die Ignoranz den (metaphorischen) Tod für ihn bedeuten würde.

Es muss etwas Persönliches für ihn auf dem Spiel stehen, er muss sich bedroht fühlen und bedroht werden, er muss eigene Ängste und Schwächen überwinden – und all das funktioniert nur, wenn ihm das Ziel wirklich etwas bedeutet. Das Ziel darf kein „Kann“ sein, sondern sollte stets ein „Muss“ sein oder sich im Laufe der Geschichte dazu entwickeln. Außerdem gilt:

Um zu erreichen, was er will, muss der Protagonist Dinge tun, die er nicht tun will.

Und mit Abstrichen gilt das auch für alle Figuren, denen der Held im Laufe seiner Geschichte begegnet. Der Antagonist hat ein Ziel, das dem des Helden gegenläufig ist, das er aber nicht weniger stark erreichen will und muss.

Die Helfer des Antagonisten wiederum können verschiedene Ziele haben: Auch sie wollen meistens vorrangig den Helden stoppen, ihre Motivation dafür kann jedoch auch in eigenen Zielen begründet liegen. Die Motivation der Verlobten des Helden, die sich um ihn sorgt und mit ihm eine Familie gründen will, ist eine andere als die des Handlangers des Bösewichts, der sich beweisen und für höhere Aufgaben empfehlen will. Beide aber können das Ziel haben, den Helden aufzuhalten, ihn von seinem Bestreben abzubringen.

Selbst kleine Nebenfiguren wirken echter und lebendiger, wenn sie ein kleines Ziel, eine eigene Agenda verfolgen – und wenn es nur die ist, nicht mit Fremden zu reden und ihnen vertrauliche Informationen auf die Nase zu binden, weil sie entweder grundsätzlich Fremden in ihrer Nachbarschaft misstrauen oder weil sie sich sonst Ärger mit Charakteren aus ihrem Umfeld einhandeln würden.

Sie alle müssen ein externes Hindernis für den Protagonisten darstellen, der intern jedoch noch mit einem größeren kämpft, das zumindest für Protagonist und Antagonist ebenfalls elementarer Bestandteil der Figur ist: das Problem.

Konflikte, wie zuvor schon erwähnt und später noch genauer betrachtet, sind für die Dramaturgie einer Geschichte unverzichtbar, und doch ist eine Figur, die lediglich externe Konflikte löst – also Widersacher aus dem Weg räumt und Hindernisse des Antagonisten überspringt – kein kompletter, dreidimensionaler Charakter. Zu dem zählt nämlich auch immer mindestens ein interner Konflikt, den wir als sein Problem umschreiben. Jeder Protagonist hat ein Problem, fast jeder Antagonist allerdings ebenso.

Was ist das Problem? Das Problem ist etwas, das die Figur daran hindert, ihr volles Potential auszuschöpfen und ihr Leben zum Positiven zu gestalten. Das Problem ist etwas, das sie behindert und nicht selten vom Heldentum abhält oder aber große Gefahren mit sich bringt.

Ein typisches Problem, also ein interner Konflikt, des Protagonisten sind Selbstzweifel. Vielleicht hat er in der Vergangenheit mal etwas Heldenhaftes gewagt und ist gescheitert, leidet noch heute unter den psychischen oder gar physischen Nachwehen. Ihm fehlt der Mut, sein Leben so zu gestalten, wie er es gerne möchte, vielleicht nimmt er nicht den großen Job an, den er sich so wünscht, weil er Angst vor dem Versagen hat. Vielleicht spricht er auch nur die Frau seiner Träume nicht an oder meidet Konflikte und knickt in Diskussionen stets ein. Jedenfalls läuft nur wenig so wie er es sich vorstellt.

Im Laufe der Geschichte erhält er jedoch anfangs Anreize, seinen Schwächen endlich ins Auge zu blicken und, wenn er die Herausforderung annimmt, wird er sogar dazu gezwungen sein, seine Schwächen zu überwinden. Das gelingt nicht immer und vor allem natürlich nicht sofort, aber am Ende erkennt er, dass seine Ängste unbegründet waren und er diese Entwicklung vollziehen muss, wenn er nicht einen metaphorischen oder realen Tod sterben will.

Betrachten wir das Problem des Protagonisten näher an einem Beispiel, dem ersten „Star Wars“: Zu Beginn ist Luke ein einfacher Junge, der zwar von mehr träumt, es sich aber nicht zutraut, sondern zu Hause brav seiner Arbeit nachgeht, obwohl er insgeheim vielleicht ahnt, dass Größeres in ihm schlummert. Als seine Familie getötet wird und seine Farm niederbrennt, ist er damit konfrontiert, auf eigenen Beinen stehen zu müssen, er nimmt diese Herausforderung an und wächst mit Hilfe seines Mentors daran, bis er sich dem mächtigsten Bösen des Universums stellt. Luke vom Beginn der Geschichte wäre nicht in der Lage gewesen, Darth Vader zu besiegen, er wäre nicht einmal gegen ihn angetreten, sondern vermutlich geflohen und hätte sich versteckt. Doch Luke vom Ende der Geschichte weiß, dass er es schaffen kann, er vertraut sich selbst und der Macht. Er ist gewachsen, hat sein Problem überwunden und sich damit ein besseres Leben erarbeitet.

Aber der Antagonist hat ebenso häufig ein Problem. Gerade bei dem typischen Klischee des Bösewichts wie in James Bond ist es oft genug sogar jedem offensichtlich: Sein Problem ist nicht selten, dass er zu arrogant und zu selbstsicher ist. Sein Plan ist perfekt, glaubt er, es kann nichts schiefgehen und er ist so von sich überzeugt, dass er Bond oft genug im vermeintlich letzten Moment sogar ganz plump erzählt, was er vorhat – der ihn dann umgehend mit diesem Wissen besiegt.

Doch es gibt natürlich auch wesentlich subtilere Antagonisten, deren Probleme natürlicher wirken und mehr denen des Helden ähneln. Es ist sogar durchaus möglich, dass Held und Gegenspieler das gleiche Problem haben; der einzige Unterschied ist, dass der Protagonist das Problem überwinden will und es am Ende schafft, während der Antagonist es entweder gar nicht erst versucht oder aber es versucht hat und schließlich daran gescheitert ist, was seine Frustration und seine Boshaftigkeit erklären könnte

Auch Nebenfiguren abseits von Protagonist und Antagonist können mit einem Problem lebendiger werden, da es aber nicht ihre Geschichte ist, müssen sie nicht zwangsläufig eine Entwicklung durchmachen, erst recht keine so komplexe wie der Protagonist. Allerdings kann die Veränderung des Protagonisten sich durchaus auf sein Umfeld auswirken und auch die Probleme seiner Freunde beheben oder sie dazu anstoßen, ihre eigenen Probleme selbst anzugehen.

Wir halten fest: Vergessen Sie die alten Archetypen! Eine Figur muss nicht in Schubladen gesteckt werden können, im Falle von Held und Bösewicht kann das sogar abträglich sein. Wichtig ist, dass alle Figuren ein klares Ziel verfolgen. Mindestens Ihr Protagonist benötigt zudem ein internes Problem, das er im Laufe des Plots überwinden muss.

Was macht eine Figur sympathisch?

Viele Erstautoren wenden die erwähnten Grundregeln oft rein instinktiv automatisch an: Klare Ziele fehlen hier und da mal, aber Figuren mit Problemen findet man inzwischen selbst in den Romanen und Drehbüchern absoluter Anfänger fast immer wieder. Manche neigen sogar dazu, es zu übertreiben, ihrem Helden eine Ex-Frau, ein entfremdetes Kind, Ärger mit den Kollegen, Frust auf den Chef, eine Alkoholabhängigkeit, hohe Schulden sowie ein halbes dutzend weiterer Probleme mit auf den Weg zu geben und ihn darüber hinaus noch in sich gekehrt und griesgrämig zu machen.

Doch zugleich müssen wir uns mit dem Helden als Leser oder Zuschauer identifizieren können. Wie schafft man diesen Spagat und macht eine Figur sympathisch, wenn man mit ihr im wahren Leben nie etwas zu tun haben wollen würde?

Es gibt fünf sehr verbreitete Techniken, die wir hier der Reihe nach betrachten wollen, auch wenn Sie sie unterbewusst vermutlich längst kennen:

1. Eine nachvollziehbare Motivation: Denken Sie an die größten, schlimmsten Antihelden, die Ihnen nur in den Sinn kommen, wie beispielsweise Walter White aus der TV-Serie „Breaking Bad"! Ein schlechter, furchtbarer Mensch, alles andere als ein klassischer Held, der jedoch zumindest zu Beginn eine ganz klare und nachvollziehbare Motivation aufweist: Er erhält die Nachricht, dass er Krebs hat und vermutlich nicht mehr lange leben wird – also geht er ein großes Risiko ein, um seine Familie auch nach seinem Tod weiterhin ernähren zu können.

Das ist ein klar definiertes und absolut verständliches Ziel, mit dem sich vermutlich jeder identifizieren kann, auch wenn zum Glück nicht jeder zwangsläufig die gleichen Maßnahmen ergreifen würde wie Walter White. Doch Ziel und Motivation sind klar, wir haben anfangs sogar so etwas wie Mitleid mit ihm und freuen uns über seine ersten Erfolge als Krimineller!

Das führt uns dann auch gleich zum zweiten Punkt:

2. Ein Schicksalsschlag: Der Protagonist ist die Figur, die am meisten leidet, sagt man, und das trifft in unserem Beispiel zu Beginn mit der Krebsdiagnose sowie im weiteren Verlauf aufgrund des stetig ansteigenden Drucks zweifellos zu.

Es muss allerdings gar nicht ein so schwerwiegender Schicksalsschlag wie der eigene drohende Tod oder der Verlust eines Familienmitglieds sein. Schon eine unfaire Behandlung durch einen Ex-Freund, den Chef oder einen vollkommen Fremden reicht oft aus, um uns Partei für den Protagonisten ergreifen zu lassen und sich mit ihm zu identifizieren. Es liegt in unserer menschlichen Natur, den Underdog zu mögen und ihm das Beste zu wünschen, wofür Schicksalsschläge oder auch nur einfache Niederschläge ein probates Mittel sind.

Zugleich sollten Sie nicht den Fehler machen, allein oder zu stark auf Mitleid zu setzen – denn ab einem gewissen Punkt wirkt ihr Protagonist dann nicht mehr potentiell heldenhaft, sondern eben bemitleidenswert, was die Identifikation mit ihm wiederum erschwert. Auch Selbstmitleid ist unangebracht, was uns zum nächsten Punkt führt:

3. Mut und Tapferkeit zeigen: „Save the Cat" ist ein klassischer Begriff aus dem Drehbuchschreiben, der durchaus wörtlich zu verstehen ist. Der Held kann zu Beginn der Geschichte aktiv etwas Mutiges, Heldenhaftes und vor allem ganz Selbstloses tun, um seine Stärke und Reinheit zu beweisen, was ihn wiederum sympathisch macht und dafür sorgt, dass wir uns mit ihm identifizieren oder ihm zumindest das Beste auf seinem Weg wünschen.

Natürlich gibt es aber etliche verschiedene Möglichkeiten (und auch wesentlich subtilere), seine Heldenhaftigkeit unter Beweis zu stellen als eine Katze zu retten. Wenn der Held die zuvor genannten Tiefschläge ohne Selbstmitleid und ohne großes Jammern erträgt, ist das für uns oft bereits Beweis genug, dass wir es hier mit einer besonderen Figur zu tun haben. Genauso kann er sich für andere opfern, für etwas oder jemanden auch auf Widerspruch hin einstehen oder eben tatsächlich etwas oder jemanden retten.

Gerade bei einem eher wörtlichen „Save the Cat"-Moment handelt es sich mittlerweile jedoch zu einem gewissen Grade um ein Klischee, weshalb dieser Plotpunkt oft ironisch eingesetzt wird – zum Beispiel, wenn wir es in einer Komödie mit einem ganz und gar nicht mutigen Helden zu tun haben, der nur per Zufall oder aus Eigensinnigkeit in eine solche Situation gerät, sie dann aber zu seinem Vorteil nutzt.

Allerdings sollte auch ein solcher Held zumindest ein, zwei gute Seiten andeuten, damit wir uns seine komplette Verwandlung vom Antihelden zum Helden wünschen.

4. Kompetenz und Schwächen: Jeder Held sollte etwas besonders gut können, irgendeine Fähigkeit haben, die nicht jeder besitzt, die ihn aus der Masse hervorstechen und uns ihn bewundern lässt. Selbst ein einfacher, das Abenteuer scheuender Informatiker kann seine Nützlichkeit unter Beweis stellen, wenn er einen Computer hacken, blitzschnell Informationen über etwas herausfinden kann.

Diese Kompetenz früh im Verlauf der Geschichte zu zeigen, ist ein simples aber sehr effektives Mittel, um uns den Helden sympathisch zu machen. Es ist – in Verbindung mit dem zuvor genannten Mut – einer der Hauptgründe, weshalb so viele Actionfilme mit einer Actionsequenz beginnen, die losgelöst vom eigentlichen Plot ist. Wenn wir sofort erkennen, dass der Held gut in seinem Job ist, dass er aktiv ist, selbst in heiklen Situationen die Ruhe bewahrt und vielleicht sogar noch einen frechen Spruch auf den Lippen hat, ist ihm unsere Sympathie nahezu sicher.

Zugleich sind heutige Helden in der Regel alles andere als perfekt; als Leser und Zuschauer wollen wir längst keine Superhelden mehr, sondern überwiegend glaubwürdige Figuren mit Stärken und Schwächen. Ein Held, der alles perfekt beherrscht, wirkt wie ein abgehobener Streber, womit sich nur die wenigsten identifizieren können. Zugleich erschwert es, zu etablieren, dass er wirklich einen Widersacher haben soll, der es mit ihm aufnehmen kann. Selbst Marvels Superhelden im Kino haben stets einige persönliche wie externe Schwächen: Selbstüberschätzung, Sorge um eine bestimmte Person in ihrem Leben, fehlende Kontrolle über ihre Fähigkeiten oder schmerzliche Erinnerungen an Verluste und Niederlagen.

5. Gegenläufige Ziele: Die schwierigste aber vielleicht auch beste Möglichkeit, eine Figur sympathisch zu machen, ist es, ihr gegenläufige Ziele zu geben – etwas, womit sich so gut wie jeder Mensch der Welt identifizieren kann.

Häufig stehen sich beispielsweise Fantasie und Realität, der Wunsch nach Selbstverwirklichung und die Zwänge des Alltags gegenüber und verlaufen konträr: Auf der einen Seite trägt der Held den großen Wunsch in sich, seinem Traumberuf nachzugehen und, sagen wir, Autor zu werden, was wir bewundern, denn wir mögen Figuren, die ihre Träume verwirklichen. Auf der anderen Seite hat er einen ganz guten Job und eine solide Beziehung, er will seine eigene finanzielle Zukunft und die seiner potentiellen Familie nicht aufs Spiel setzen, was wiederum eine nachvollziehbare Motivation ist.

Es gibt sowohl extern im Plot als auch intern unendlich viele verschiedene Möglichkeiten, gegenläufige Ziele zu finden, um den Helden mit ihnen zu quälen. Es muss jedoch immer einen gewissen Punkt geben, an dem der Held sich für das eine oder andere Ziel entscheidet: Eine Figur, die von Beginn bis Ende der Geschichte zaudert, wirkt unentschlossen, zögerlich und damit wenig heldenhaft.

Machen Sie es Ihrem Helden so schwer wie nur möglich, lassen Sie alles auf ihn einprasseln – und lassen Sie ihn dann trotzdem eine klare Entscheidung treffen, um so seinen wahren Charakter zu enthüllen!

Wir halten fest: Es gibt viele verschiedene Möglichkeiten, eine Figur sympathisch zu machen, dafür zu sorgen, dass wir uns mit ihr identifizieren wollen. Weil diese Methoden aber in nahezu jedem Buch und Film zum Einsatz kommen, müssen sie subtil angewendet werden, um vom Leser oder Zuschauer ernst genommen und nicht als Manipulation empfunden zu werden. Ausnahmen gelten in erster Linie für Komödie, die Klischees ironisch aufgreifen dürfen.

Was macht eine Figur interessant?

Sympathie für eine Figur zu erzeugen, ist also mit relativ einfachen Mitteln möglich, doch Sympathie bezieht sich in erster Linie auf den Protagonisten und seine Helfer. Für alle Figuren gilt jedoch: Sie müssen interessant sein – und dafür reicht Sympathie alleine noch lange nicht aus. Ein klares Ziel, das Bestreben, es zu erreichen, sowie starke Konflikte helfen dabei, sind aber nicht genug.

Was also macht eine Figur interessant? Die Antwort lässt sich in einem Satz ausdrücken, auf den wir über das gesamte Buch hinweg treffen:

Mischen Sie das Bekannte mit dem Unbekannten und kombinieren Sie das Vertraute mit dem Überraschenden!

Was bedeutet das? Grundsätzlich wollen wir als Leser und Zuschauer wie fast immer im Leben etwas, das wir kennen, womit wir etwas anfangen können und etwas verbinden. Das beginnt schon in unserer Kindheit und wenn Sie sich noch an selbige gut erinnern können oder aber selbst Kinder haben, kennen Sie diese Situation bestimmt: Mama und Papa kochen ein neues Mittagessen, es riecht gut, es schmeckt gut – doch die Kinder sagen schon vorweg: Nee, das mag ich nicht! Manchmal weigern Sie sich, es zu probieren, manchmal probieren sie es und behaupten dann, es nicht zu mögen. Lieber jeden Tag Spaghetti!

Das kann frustrierend sein, wenn man nicht weiß, dass dieses Verhaltensmuster der Ablehnung gegenüber dem Neuen und Unbekannten sich leicht austricksen lässt: Kombinieren Sie die neuen Zutaten des Essens mit etwas Bekanntem oder quetschen Sie die neue Mahlzeit zwischen eine bekannte Vorspeise und einen beliebten Nachtisch! Schon wird das Neue gegessen, oft genug sogar geliebt.

Und exakt dieses Verhaltensmuster sowie die Lösung gilt für all unsere Lebensbereiche. Radiosender beispielsweise haben lange Zeit die Erfahrung gemacht, dass sich die Hörer zwar auf der einen Seite über die immer gleichen Pop-Songs beschweren, auf der anderen aber bei neuen, andersartigen Liedern oft den Sender wechseln. Die Lösung? Die neuen Songs werden so lange zwischen zwei enorm beliebten Liedern gespielt, bis sie selbst geliebt werden.

Im Grunde genau den gleichen Trick können Sie beim Schreiben anwenden, um (nicht nur) ihre Figuren interessanter zu machen. Sie wählen einen recht vertrauten Stereotyp, also einen Charakter wie ihn jeder kennt, und versehen ihn dann mit einem Twist, einer Überraschung.

Eine einfache Möglichkeit ist es, das Geschlecht einer Figur zu ändern: Den männlichen Geheimagenten, dem die Frauen nur so zufliegen, kennen wir alle – von Geheimagentinnen hingegen wurde bislang selten erzählt und es tun sich recht schnell Fragen und mögliche Konflikte auf.

Wie tut eine Geheimagentin, was getan werden muss, um ihr Ziel zu erreichen? Anders als ein Mann? Oder genauso? Und, wenn sie genauso handelt, bringt ihr das Respekt ein oder Ablehnung? Schließlich ist auch heute noch ein Mann, der die Frauen flachlegt, für viele ein Held – eine Frau hingegen…

Es geht aber natürlich auch weniger plump als durch einen Geschlechtertausch. Nehmen wir ein altes Ehepaar, Rentner, die sich dem Klischee gemäß gerne über junge Leute aufregen.

Was wäre, wenn diesem Paar die Jugend von heute jedoch nicht zu frech und zu rebellisch wäre, sondern viel zu brav? Vielleicht fragen sie sich, wofür sie in den 60ern auf die Straße gegangen sind, wenn heute so viele junge Menschen (erstaunlicherweise ist das tatsächlich der Fall) selbständig zu kleinen „Spießern“ mutieren?

Die sich nach der Schule direkt in die Ausbildung stürzen, dann von Praktikum zu Praktikum hetzen, bis sie endlich eine feste Stelle finden, ihr Geld umgehend in einem Bausparvertrag anlegen und schließlich eine Hochzeit, ein Reihenhaus und zwei Kinder anstreben.

Wäre es nicht interessant, wenn dieses alte Paar nun im Gegenzug rebellieren würde, das ausleben würde, was ihre Enkel nicht wagen? Wenn sich ihre Kinder plötzlich statt um ihre eigenen Kinder um ihre Eltern kümmern müssten? Das wäre ein vertrauter Stereotyp mit einem in der Realität begründeten und damit nachvollziehbarem Twist.

Der Hintergrund dieser Methode ist schlichtweg, dass wir als Leser Figuren benötigen, die wir kennen und die wir verstehen, mit denen uns etwas verbindet, dass wir zugleich aber überrascht werden wollen, weil wir uns sonst langweilen.

Sie können die komplexesten Charaktere erschaffen; wenn Ihr Leser nicht eine einzige Parallele zwischen sich selbst oder einem Bekannten und dieser Figur ziehen kann, wird er mit ihr nichts anfangen können, sie womöglich als unecht empfinden.

Wir halten fest: Figuren sind für den Leser interessant, wenn sie aktiv sind, klare und mitunter gegenläufige Ziele anstreben, kompetent in manchem sind, das sie tun – und wenn sie vertraut wirken, aber doch überraschen.

Wollen, brauchen und Lebensziele

Wenn wir von den Zielen eines Charakters sprechen, dann meinen wir häufig nur die offensichtlichen Ziele im Laufe der Geschichte also: „Ich will den Mörder schnappen!“ Oder: „Ich möchte diese Frau / diesen Mann bekommen!“

Bei der Entwicklung eines Charakters sollten Sie jedoch zwischen mindestens zwei verschiedenen Antrieben unterscheiden: Dem „Want“ und dem „Need“, dem Wollen und dem Brauchen also, die nicht selten konträr verlaufen.

Das Wollen ist dabei in der Regel das zuvor genannte, recht offensichtliche und oft auch verbal bestätigte Ziel: „Ich will dies und das erreichen, weil…“

Das Brauchen hingegen ist oft ein unbewusstes Ziel, das im Hintergrund schlummert: „Ich will den Mörder schnappen, aber ich brauche das Gefühl der Bestätigung, in meinem Leben etwas erreichen zu können.“ Oder: „Ich will diese Frau bekommen, aber ich brauche die Erkenntnis, dass ich selbständig und alleine leben kann.“

Das Wollen kann ein durchaus falsches oder fehlgeleitetes Ziel sein, während das Brauchen das wahre Ziel darstellt, aber entweder nicht bewusst ist oder aber unterdrückt wird. Ob es der Figur im Laufe der Geschichte gelingt, das wahre Ziel zu entdecken und zu erreichen, ist die große Frage.

Nehmen wir ein konkretes Beispiel, eine junge Frau in den 50er-Jahren vielleicht: Sie hat von Geburt an gelernt, dass sie als Frau weniger wert ist als ein Mann, nie einen großen Job haben kann, sondern es ihre Aufgabe ist, einen guten Ehemann zu finden, ihm zu dienen und Kinder zu schenken. Wenn sie volljährig ist, dann ist es mit ziemlicher Sicherheit ihr großes Ziel, eben jene Anforderungen zu erfüllen, nicht zu studieren, sondern einen Mann zu finden und das Hausmütterchen zu spielen. Womöglich aber merkt sie unterbewusst schon bald, dass sie nicht damit zufrieden ist, sich nach mehr sehnt. Sie kann es vielleicht nicht in Worte fassen – und würde es erst recht nicht wagen –, aber sie streitet sich plötzlich mit guten

Freundinnen, die zur Uni gehen, sie informiert sich selbst vorsichtig über die Voraussetzungen dafür und lehnt jedes potentielle Date ab, ohne genau zu wissen, warum.

Auf der einen Seite will sie ihre Eltern glücklich machen, die Erwartungen erfüllen, sie nicht enttäuschen, doch auf der anderen Seite spürt sie eine innere Zerrissenheit, dass sie mehr braucht, um selbst glücklich zu sein. Ob das Brauchen letzten Endes wirklich an die Oberfläche dringt und vielleicht sogar das Wollen besiegt, könnte eine spannende Frage sein.

Anders formuliert: Das Wollen ist in erster Linie ein eher kurzfristiges und konkret zu formulierendes Ziel mit einem relativ klaren Ausgang und auch der Weg dorthin ist nicht selten eindeutig vorgezeichnet. Das Brauchen hingegen ist üblicherweise ein diffuses Ziel oder aber ein Lebensziel wie ein Fünf-Jahres-Plan: „Wenn ich groß / älter bin, würde ich gerne dies und das erreichen.“ Im Gegensatz zum Wollen wird es jedoch nur entfernt oder nicht als Muss wahrgenommen.

Das Wollen ist ein Muss, um das (metaphorische) Überleben des Protagonisten zu sichern, das Brauchen ist ein Kann, das ihm ein besseres Leben bescheren würde und eventuell langfristig aber weniger zwingend sein Überleben sichert.

Verlaufen diese beiden Ziele auch noch gegenläufig, haben Sie bereits einen starken inneren Konflikt für Ihren Protagonisten!

Ticks, Neurosen und der Realismus

Wenn man viele TV-Serien guckt, könnte man den Eindruck gewinnen, Charaktere müssten heute grundsätzlich „ein Rad abhaben“, um interessant genug fürs Fernsehen zu sein: Es wird wild herumgeschrien und fast jede Figur hat mindestens einen stark ausgeprägten Tick sowie ein halbes dutzend verschiedene Neurosen. Und was anfangs nur für Comedy-Serien galt, hat sich inzwischen auch in Dramedys und Drama-Serien verfestigt.

Das hat mit der Realität nur wenig zu tun; wir mögen zwar alle unsere Macken haben, aber im wahren Leben empfänden die meisten von uns eine typische Serienfigur wohl als relativ unerträglich. Warum lieben wir sie dann im Fernsehen? Und müssen diese Ticks und Neurosen sein, um einen interessanten Charakter zu erschaffen?

Die Antwort lautet: ja und nein. Das Beispiel der TV-Serien wurde natürlich bewusst gewählt, weil das Muster dort bisher am stärksten ausgeprägt ist, was aber seinen guten Grund hat. Gerade die auch bei uns so beliebten US-Serien laufen oft über einen Zeitraum von fünf bis sieben Jahren, was weit über hundert Folgen bedeuten kann. Um auch nach den ersten beiden Staffeln noch ausreichend Drama und Konfliktpotential zu besitzen, ist es kaum zu vermeiden, dass die Figuren einen immer stärker anwachsenden Haufen an Neurosen aufgedrückt bekommen, sofern die Produzenten nicht in jeder Staffel das halbe Cast austauschen wollen. Aber auch in vielen langlebigen Roman-Reihen sind, nun, „absurde“ Figuren aus ähnlichen Gründen keine Seltenheit.

In für sich allein stehenden Romanen oder Filmen jedoch, Komödien vielleicht ausgenommen, können allzu extrem ausgeprägte Ticks und Neurosen oft stören, übertrieben und aufgesetzt wirken. Der Grund, weshalb sie vor allem in Filmen dennoch häufig eingesetzt werden, ist der, dass man mit Hilfe von Ticks eine Figur schnell etablieren kann. Wenn ein neuer Charakter etwa am Esstisch als Erstes das Besteck auf seine

Sauberkeit hin überprüft, verstehen wir sofort etwas über ihn. Wenn er eine simple Nachfrage als Vorwurf auffasst, ebenso.

Der Grat zwischen subtilen Charakterzügen sowie übertriebenen Ticks und Neurosen ist allerdings recht schmal. Um herauszufinden, was von beidem es ist, sollten Sie sich beim Schreiben die Frage stellen: Hat diese Figur diesen Tick, weil er etwas über sie aussagt und im Laufe der Geschichte auf natürliche Weise relevant wird? Oder hat sie ihn nur, um interessant zu wirken und künstliches Konfliktpotential zu bieten? Letzteres ist immer die schlechtere Variante.

Zu guter Letzt sollten Sie sich jedoch auch vor Augen halten, dass fiktive Charaktere mit echten Menschen nur wenig gemein haben. Sie sprechen nicht wie wir, sie denken oft nicht wie wir und sie ticken selten wie wir. Manchmal sind sie so wie wir gerne wären, manchmal so wie wir uns unsere Freunde wünschen würden, manchmal sind sie aber auch ganz einfach nur verabscheuungswürdig.

Realismus jedoch ist fast immer der am meisten zu vernachlässigende Faktor, denn die Wahrheit ist, dass „normale“ Menschen zu 99 Prozent schlichtweg nicht interessant, spannend und aktiv genug sind, um wirklich starke Roman- oder Filmfiguren abzugeben. Und das ist häufig auch ganz gut so.

Wir halten fest: Ticks und Neurosen sind beliebte Mittel, um Figuren anders erscheinen zu lassen und schnell zu etablieren, sie sollten jedoch nie das vorherrschende oder gar einzige interessante Merkmal eines Charakters sein. TV-Serien und Roman-Reihen können eine Ausnahme der Regel darstellen, da Ticks und Neurosen hier in den meisten Fällen auf lange Sicht unverzichtbar sind.

Sprache und Weltsicht einer Figur

Eine der beliebtesten und zugleich leider am häufigsten missverstandenen Fragen rund um Charaktere ist die nach der Sprache: Wie sollen meine Figuren sprechen? Die bekannteste Antwort darauf lautet: „Geben Sie Ihren Figuren eine eigene Stimme und passen Sie auf, dass Ihre Charaktere nicht so sprechen wie der Autor!“

Das ist grundsätzlich richtig, wird aber häufig fehlinterpretiert, indem zum Beispiel jeder Figur ein eigener Dialekt, übertriebene Auslassungen und Catchphrases in den Mund gelegt werden, was zum Teil schwer leserlich, zum Teil sogar peinlich bemüht wirkt.

Es ist richtig, dass natürlich nicht all Ihre Figuren gleich sprechen sollten, denn dann bedienen sie sich in der Regel wirklich nur der Stimme des Autors. Eine 80-jährige Rentnerin spricht logischerweise anders als ein 40-jähriger Beamter oder ein 15-jähriger Schüler und ein gewisses Sprachgefühl für jeden Charakter zu entwickeln, ist eine Voraussetzung für die Glaubwürdigkeit der Figuren.

Wichtiger als die Sprechweise ist jedoch die klar definierte Weltsicht einer Figur, die sich dann natürlich auch in ihren Worten widerspiegelt. Ein Unternehmer, der ununterbrochen unterwegs ist, zwei Handys parallel benutzt und Geld für die wichtigste Sache der Welt hält, spricht womöglich auch äußerst schnell, direkt und präzise, ohne ein Wort zu viel zu verwenden. Eine alte Dame, die viel Zeit hat und ihren Gesprächspartner lange an sich binden will, spricht hingegen vielleicht blumig und ausschweifend. Und einem Pubertierenden mag es in erster Linie darum gehen, Desinteresse zur Schau zu stellen und nur wenige Worte gelangweilt zu nuscheln.

Mit der eigenen Sprache einer Figur sind also nicht Dialekte oder Catchphrases gemeint, sondern vorwiegend Subtext, das Ausdrücken des eigenen Charakters, der eigenen Ziele und Interessen, häufig durch die Blume. Wenn sich daraus eine „andersartige“ Sprache entwickelt, ist das nur ein Nebeneffekt.

Auch wenn wir zuvor den Realismus fiktiver Figuren negiert haben: Im wahren Leben sprechen Erwachsene innerhalb einer sozialen Schicht alle recht ähnlich, vor allem in engen Freundes- und Arbeitskreisen findet zudem immer eine gewisse Angleichung aneinander statt.

Wir halten fest: Eine eigene Sprache zeichnet sich, wenn überhaupt, vorwiegend in der Satzlänge, der Komplexität der Satzkonstruktion sowie der Wahl oder Meidung bestimmter Worte aus. Wichtiger ist jedoch die Weltsicht, die auch durch die Sprache zum Ausdruck kommt.

Wie viel muss ich über eine Figur wissen?

Manche Autoren beginnen mit nicht mehr als einer groben Idee von einer Figur und lassen diese dann während des Schreibens „sich selbst“ entwickeln. Andere schreiben ganze Romane an Backstory über ihre Charaktere, die letzten Endes nie zum Einsatz kommt.

Was sinnvoller ist, hängt jedoch maßgeblich von der eigenen Arbeitsweise ab: Sind sie ein „Outliner“, also jemand, der alles im Voraus wissen will, bevor er auch nur den ersten Satz seines Buches schreibt? Oder räumen Sie sich selbst gerne viel Spielraum ein, schreiben eher spontan und lassen sich dann selbst davon überraschen, worauf ihre Figuren so kommen? Probieren Sie es aus!

Wenn Sie die Erfahrung gemacht haben, dass sich Ihre Figuren beim Schreiben in vier verschiedene Richtungen entwickeln (oder aber: sich überhaupt nicht entwickeln), dann ist ein wenig mehr Vorarbeit vermutlich sinnvoll.

Das bedeutet in der Regel jedoch nicht, dass Sie das gesamte Leben einer Figur vom Kindergarten über die Schulzeit bis hin zum Job niederschreiben müssen. Vielmehr sollten Sie wissen, was Ihre Figur und ihr Leben geprägt hat. Zudem gibt es einen recht simplen Check, mit dem Sie testen können, ob Sie genug über Ihre wichtigsten Figuren wissen: Versuchen Sie, ein Gespräch mit ihnen zu führen!

Wählen Sie ein beliebiges Thema, bevorzugt natürlich ein Thema, das im Laufe der Geschichte eine Rolle spielt, und versuchen Sie als erstes, mit dem Protagonisten darüber zu diskutieren: Wie denkt er darüber und vor allem wie argumentiert er? Offen und direkt? Eher durch die Blume? Redet er gar um den heißen Brei herum, weil ihm das Thema peinlich ist oder zu sehr am Herzen liegt? Was sind seine Argumente und mit welchen Worten bringt er sie zum Ausdruck?

Es ist nicht wichtig, im Voraus zu wissen, was die Lieblingsfarbe des Protagonisten ist oder was er am liebsten zu Mittag isst – das können Sie sich, sofern es denn relevant sein sollte, im Laufe der Geschichte spontan ausdenken. Aber Sie sollten im Voraus in der Lage sein, seine Weltsicht und sein Verhalten in Konflikten klar zu verstehen und in Worte zu fassen. Ihn Meinung beziehen und handeln zu lassen.

So lassen sich auch leicht die Unterschiede und Konflikte zwischen Ihren verschiedenen Charakteren ausarbeiten: Stellen Sie nicht nur einem, sondern allen die Fragen zu den für die Geschichte wichtigsten Themen und hören Sie darauf, welche

Antworten die Figuren Ihnen geben! So lässt sich übrigens auch vermeiden, dass alle so denken und reden bzw. streiten wie der Autor.

Weitere mögliche, nicht konkret auf die eigene Story bezogene Fragestellungen sind beispielsweise:

- Was würdest Du tun, wenn Du nur noch einen Tag zu leben hättest?
- Wenn Du dein Leben ein zweites Mal leben könntest, was würdest Du anders machen?
- Glaubst Du an einen Gott? Warum / warum nicht?
- Was sind die fünf wichtigsten Werte in deinem Leben?
- Wenn dein Haus in Flammen stände und Du könntest nur einen Gegenstand retten, welcher wäre das?

Ausnahmen von der oben genannten Regel bezüglich der Kindheitsgeschichte stellen natürlich Geschichten dar, in denen die Familienhistorie der Figuren eine große Rolle spielt, viele Fantasyromane etwa. In den meisten Fällen reichen jedoch eine recht grobe Vorstellung sowie ein, zwei prägende Ereignisse und tragische, spannende oder lustige Geschichten aus der Vergangenheit für den Anfang vollkommen aus.

Wir halten fest: Einen Charakter zu kennen und zu verstehen, bedeutet nicht, jede Minute seines Lebens nacherzählen zu können. Schließlich kennen und verstehen Sie (üblicherweise) auch Ihre besten Freunde, ohne sie rund um die Uhr begleitet zu haben. Wichtig ist es, die Essenz eines Charakters festmachen zu können, zu verstehen, was ihn und seine Handlungen prägt, sich mit ihm unterhalten zu können. Viele Details lassen sich im Laufe des Schreibens herausarbeiten, häufig sogar „rückwärts". Dazu später mehr.

<u>Der Held ist nur so stark wie sein Gegner</u>

Zu guter Letzt noch ein Tipp für das Schreiben eines guten, starken Helden beziehungsweise Protagonisten, der häufig übersehen wird: Schreiben Sie einen verdammt guten Antagonisten! Denn jeder Held ist nur so stark wie die Hindernisse, die er überwindet, und damit auch wie der Gegner, der sich ihm in den Weg stellt und den er besiegt.

Insbesondere in Krimis sieht man oft Kommissare, die es mit einem äußerst passiven und häufig noch dazu sich recht ungeschickt gebendem Mörder zu tun bekommen: Der Täter hinterlässt zahlreiche Spuren am Tatort, er unternimmt fast nichts, um die Ermittlungen zu behindern, und er verhält sich lange Zeit sogar komplett passiv, um nicht aufzufallen.

Das mag zu einem gewissen Grade realistisch sein, es lässt ihn zugleich jedoch schwach und damit auch seinen Gegenspieler äußerst harmlos wirken. Um eine wirklich spannende Geschichte mit einem starken Protagonisten zu erzählen, reicht es nicht aus, wenn er sich hier und da mit ein paar unwilligen Zeugen herumschlagen muss, die aus persönlichen Gründen nicht die volle Wahrheit sagen mögen, was letzten Endes aber das einzige zu überwindende Hindernis darstellt.

Der Antagonist muss nicht nur so stark sein wie der Held, er muss sogar stärker, ja, überlegen wirken, immer einen Schritt voraus sein, den Protagonisten mit allen nur erdenklichen Mitteln zu stoppen versuchen und dabei auch dessen (metaphorisches) Leben in Gefahr bringen.

Um Realismus bemühte Krimis sind, zugegeben, nicht das beste Genre, um wirklich starke Gegenspieler zu erschaffen – Thriller, Dramen, aber auch simple Komödien tun sich damit wesentlich leichter. Dennoch sollten Sie sich auch im Krimigenre um einen Antagonisten bemühen, der sich nach seiner Tat nicht für den Rest des Buches in seine Ecke verkriecht, um ja nicht entdeckt zu werden, sondern der die Ermittlungen des Protagonisten verfolgt, versucht, ihn von seinem Weg abzubringen, sein Umfeld und potentielle Zeugen auf irgendeine Art und Weise manipuliert, Beweise und Spuren vertuscht und – wenn der Held ihm zu nahe kommt – durchaus gewillt ist, dessen Leben oder notfalls auch sein eigenes zu opfern, um nicht in dessen Hände zu geraten.

Eine persönliche Beziehung zwischen Ermittler und Täter kann oft helfen, den Wettstreit zwischen Protagonist und Antagonist spannender und glaubwürdiger zu gestalten, da dann mehr als die Auflösung des Falls auf dem Spiel steht – aber das funktioniert natürlich nur bei für sich stehenden Romanen oder Filmen. Bei einer Krimireihe, egal ob im TV oder als Buch, mit immer neuen Fällen würde der Leser die persönliche Verbindung zwischen Ermittler und Täter spätestens beim zweiten oder dritten Mal hinterfragen. Der klassische Krimi ist für Autoren daher vielleicht das langweiligste Genre, auch weil die Erwartungen der Leser hier extrem klar definiert sind und Abweichungen von der Norm nur sehr bedingt geduldet werden. Ähnliches gilt übrigens für die Romanze.

Aber weg von den Genres und zurück zu einem echten Antagonisten, dem Sie neben seiner Intelligenz, Macht und vermeintlicher Überlegenheit – wie jeder anderen Figur in Ihrem Buch – auch ein klar definiertes Ziel, eine Motivation und ein paar Schwächen mit auf den Weg geben sollten, um ihn wirklich glaubwürdig und spannend erscheinen zu lassen. Klassische, selbstlose Superhelden ohne jegliche Schwächen sind schon lange nicht mehr gefragt, für den klassischen Superschurken gilt jedoch das Gleiche.

Wie schon zuvor erwähnt, sehen sich Bösewichter zudem selten als wirklich böse an. „Jeder Täter ist auch ein Opfer", mag zwar mittlerweile ebenso ein Klischee sein und doch sollten Sie auch Ihren Bösewicht so erschaffen, dass es eine klare Erklärung für sein Verhalten gibt, einen verständlichen Grund dafür, warum er so geworden ist. Nicht selten ist dieser, um erneut ein Klischee zu bemühen, schon in seiner Kindheit zu suchen, genauso kann es aber auch erst im späteren Leben dazu gekommen sein: Der Verlust einer ihm nahestehenden Person oder eines Jobs, daraus resultierende Geldsorgen, die Angst um das eigene Überleben oder das Überleben seiner Familie, Rachegefühle – all das sind gute und vor allem nachvollziehbare Gründe, warum ein Bösewicht tut, was er tut.

So gut wie kein Mensch der Welt denkt: „Ich bin böse und stolz drauf", sondern: „Ich muss das tun, weil…", „Ich habe keine andere Wahl…", „Die Leute sind selbst Schuld…", „Sie haben mich dazu gezwungen…".

Die Motivation des Bösewichts erklärt sein Ziel und die Mittel, die er wählt, um dieses Ziel zu erreichen. Was er sich am Ende davon erhofft, unterscheidet sich nicht wesentlich von den Hoffnungen des Helden: Erlösung, Erfüllung, ein besseres Leben, vielleicht aber auch einfach nur Seelenfrieden.

Wichtig ist zudem, dass der Plan des Bösewichts durchaus zum Erfolg führen würde, wenn der Protagonist sich ihm nicht in den Weg stellte. Wenn der Plan schon im Voraus klar zum

Scheitern verurteilt ist und schlichtweg keinen Sinn ergibt, dann braucht es auch keinen Helden, der seinen Plan durchkreuzt. (Ausnahme: In Komödien oder Satiren kann der Held den kruden Plan des Bösewichts durch sein Handeln unfreiwillig in Teilen überhaupt erst ermöglichen.)

Dennoch hat der Plan natürlich wie nahezu jeder andere Plan der Welt immer eine kleine Schwäche, die der Held ausnutzen kann, und selbiges gilt auch für unseren Bösewicht. Er ist nicht frei von Fehlern, mal ist er schlicht zu arrogant und unterschätzt den Helden, mal ist er nicht bereit, alles zu riskieren, und zögert im falschen Moment, mal hat er selbst eine Familie oder eine ihm in irgendeiner Form sehr nahestehende Person, die er beschützen möchte. Vielleicht weist er eine körperliche Schwäche auf, eine Krankheit, eine Verletzung, oder aber er misstraut selbst seinen Mitstreitern, was ihm im großen Showdown mit dem Helden zum Verhängnis wird.

Wir halten fest: Ein Held wirkt nur so stark und so echt wie sein Gegenspieler. Ein passiver Bösewicht, der keine persönliche Verbindung zum Helden aufweist und sich dessen Schwächen nicht zunutze macht, stellt auch keine große Herausforderung für ihn dar und lässt ihn somit nur wenig heldenhaft erscheinen.

In 10 Schritten spannende Figuren erschaffen

Bis hierhin haben wir die Eckpfeiler des Erschaffens von Figuren kennengelernt: Welche Figuren es gibt, was sie sympathisch und interessant macht, wie realistisch sie sein müssen und wie wichtig Ziele und Probleme sind. Und wenn Sie fleißig mitgearbeitet haben, sitzen Sie jetzt vielleicht schon vor einem Haufen Notizen, ohne so recht zu wissen, wie Sie das Ganze zu einem sinnvollen Etwas zusammenfügen sollen.

Deshalb jetzt noch einmal der Reihe nach und stark um Übersicht bemüht, wie Sie von den ersten groben Ideen zu den konkreten Figuren kommen und diese dann weiter ausarbeiten:

1. Welche Figuren müssen da sein?
Wer ist der Held und wer ist sein Gegenspieler? Was wäre interessant und was bietet das größte Potential für Konflikte? Eine grobe Vorstellung von beiden Charakteren und ihren gegenläufigen Zielen ist der erste Schritt auf dem Weg zu einem interessanten Figurenensemble.

2. Ziele und Probleme definieren
Was genau will der Protagonist erreichen und wie stehen ihm interne sowie externe Probleme dabei im Weg? Was genau will der Antagonist erreichen und was hindert ihn daran, sein Ziel sofort zu erreichen?

3. Backstory ausarbeiten
Sobald Ihnen die Ziele sowie die internen und externen Probleme Ihrer beiden Hauptfiguren klar sind, können Sie rückwärts darauf zu arbeiten: Was könnte oder muss in der Vergangenheit von Held und Bösewicht passiert sein, damit sie diese Ziele und Probleme bekommen haben? Was war das einschneidende Erlebnis in ihrem Leben? Welche Erinnerungen schleppen Sie bis heute mit sich herum?

Stellen Sie Fragen: Wer, was, wo, wann, warum? Was ist das Schlimmste, was das Beste, was das Überraschendste, was einer Figur widerfahren sein könnte?

4. Machen Sie Ihren Helden sympathisch!
Überlegen Sie insbesondere auch, was Ihren Helden auszeichnet, welche Stärken und Schwächen er mit sich bringt! Wie können Sie seine Kompetenzen zeigen, wie seine Heldenhaftigkeit unter Beweis stellen, wie ihn zugleich menschlich und verwundbar erscheinen lassen?

5. Welche Figuren könnten da sein?
Wer bewegt sich im Umfeld von Protagonist und Antagonist? Wem könnten sie im Verlaufe der Story in welcher Umgebung begegnen? Welche Figuren wären interessant, um den Protagonisten auf die Probe zu stellen, ihn zu testen, eine Veränderung in ihm anzuregen, ein Hindernis für ihn darzustellen?

6. Welche Rollen spielen die Nebenfiguren?
Jeder Nebenfigur im Verlaufe Ihrer Geschichte kommt eine Funktion zu: Manche sind ein reines Hindernis für Ihren Helden, andere können ihm helfen, müssen aber ebenfalls über einen Konflikt mit ihm verfügen, den es entweder zu überwinden gilt, bevor sie sich ihm anschließen, oder aber der zum ungünstigsten Zeitpunkt aufbricht.

Erfinden Sie keine Figuren nur aus dem Grund, dass Ihr Protagonist an diese oder jene Information kommen muss – Charaktere, die einzig und allein der Exposition dienen, wirken langweilig und unbeholfen.

7. Vermischen Sie das Bekannte mit dem Unbekannten!
Insbesondere Nebenfiguren, die nicht viele Seiten in Ihrem Buch spendiert bekommen, müssen schnell etabliert werden, um dem Leser verständlich zu sein. Kombinieren Sie dafür

zum Beispiel das Bekannte mit dem Unbekannten, wählen Sie vertraute Charaktertypen und versehen Sie sie mit einem Twist! Auch Ticks können sparsam eingesetzt werden.

8. Kreieren Sie Druck und Konflikte für alle Figuren!

Welche Konflikte bestehen zwischen welchen Figuren und welche externen Drucksituationen (Geld, Job, Verfolgung, Bedrohung) wirken auf sie ein?

Eine Art Mindmap aller Charaktere und ihrer Beziehungen zueinander kann helfen, Lücken aufzuzeigen: Haben Sie eine Figur, die zwar mit vielen in Verbindung steht, aber kaum Konflikte zu anderen aufweist, bedarf diese noch etwas Arbeit und Überlegung. Versuchen Sie, auch Nebenfiguren zumindest ein kleines Ziel und einen leichten Konflikt mit den auf den Weg zu geben!

9. Verstehen Sie die Weltsicht Ihrer Figuren!

Nachdem Sie alle möglichen Details über ihre wichtigsten Figuren und ihre Backstory angehäuft haben, testen Sie, wie gut Sie Ihre Charaktere und ihre Weltsicht verstehen. Stellen Sie ihnen Fragen, verstricken Sie sie in eine Diskussion mit Ihnen und versuchen Sie, ihre Stimmen, ihre Meinungen zu hören!

10. Streichen Sie zwei, drei Figuren!

Achtung, leichte Übertreibung: Streichen ist das Wichtigste, was ein Autor nur tun kann und beherrschen sollte. Auch wenn Sie bis hierhin noch so gut gearbeitet haben, es gibt fast immer eine oder sogar mehrere Figuren, die nicht interessant und wichtig genug sind, um es in Ihre Story zu schaffen. Häufig lässt sich eine solche Figur mit einer anderen, ebenso nicht besonders wichtigen oder spannenden Figur zusammenlegen, um somit eine interessantere und komplexere Figur zu erschaffen.

Überprüfen Sie, welche Charaktere wenig zu tun haben, welche über wenige Konflikte verfügen, und überdenken Sie, ob diese Figuren wirklich relevant sind! Gibt es Figuren, die sich nur durch eine einzige Charaktereigenschaft definieren, nur eine einzige Funktion erfüllen? Streichen Sie sie oder legen Sie sie mit einer anderen zusammen!

Wenn Sie nicht mindestens eine Figur auf diese Weise loswerden können, sind Sie wahrscheinlich nicht kritisch genug oder haben Angst vor dem Loslassen.

Doch für fast jede Story gilt: Weniger ist mehr!

Setting finden

Das Setting einer Geschichte ist, grob umschrieben, die Welt, in der sie spielt. Damit sind aber nicht nur Kulisse und Locations gemeint, sondern auch der grundsätzliche Tonfall, den Sie dabei anstreben: Möchten Sie die Gegenwart abbilden, die Vergangenheit oder die Zukunft? Und wenn es „nur“ die Gegenwart ist, wie genau möchten Sie sie abbilden oder, besser, darstellen? Realistisch? Optimistisch? Pessimistisch?

Es gibt viele Möglichkeiten und auch wenn das Thema Setting sich oft relativ schnell abhaken lässt, wollen wir es hier nicht zu kurz kommen lassen, da es ganz maßgeblich über den Tonfall Ihrer Geschichte entscheidet.

Wo und wann spielt meine Geschichte?

Die offensichtlichste Frage in Bezug auf das Setting ist natürlich die nach dem Wo und Wann: Ein Thriller in Berlin oder New York ist schon in seinem Ansatz etwas vollkommen anderes als ein Thriller, der in, sagen wir, dem beschaulichen Nottuln in Westfalen spielt. Eine romantische Komödie in der Gegenwart unterscheidet sich nicht nur in Hinblick auf Beziehungsmodelle und Geschlechterrollen deutlich von einer romantischen Komödie, die in den 50er-Jahren angesiedelt ist.

Selbstverständlich hat man zu Beginn einer Geschichte oft bereits ein klares Setting vor Augen, eine bestimmte Zeit und einen bestimmten Ort. Dennoch ist es nicht verkehrt, zunächst ein, zwei Tage damit zu verbringen, mögliche Alternativen zu überdenken, denn instinktiv greifen wir auch hier oft zu der naheliegenden Option, die aber nicht zwangsläufig immer die interessanteste sein muss.

Eine Story über einen Mann und eine Frau, die eine Beziehung führen, die sich vorrangig um Sex dreht, ist in der heutigen Zeit nichts Außergewöhnliches mehr – sie wurde schon x-mal erzählt und das Beziehungsbild trifft auch nur in den seltensten Fällen auf echte Ablehnung. Wenn Sie diese Geschichte jedoch nicht im Jetzt, sondern in der Vergangenheit ansiedeln oder aber sie in eine fiktive, prüdere Welt verlegen, können plötzlich ganz neue Konflikte auftauchen und Ihre Story erst wirklich erzählenswert machen. Genauso spielt sich eine solche Geschichte in der Anonymität der Großstadt selbstredend anders ab als in einem kleinen Dorf auf dem Land, in dem jeder jeden kennt.

Wir halten fest: Das Setting – also Ort, Zeit und Tonfall einer Geschichte – wirkt oft naheliegend, tatsächlich jedoch kann es zumindest eine Überlegung wert sein, eine oder gar mehrere dieser Komponenten zu ändern, um eine konfliktreichere, spannendere Story zu erzählen.

Setting und Recherche

Was ist der Hauptgrund dafür, dass die meisten Geschichten in der Realität und Gegenwart angesiedelt sind? Aktualität und Aussagekraft? Möglich. Vielleicht sind es aber auch nur die Recherche und das World Building, vor dem Autoren zurückschrecken. Denn der große Vorteil der Realität und Gegenwart ist: Sie müssen nur sehr wenige Nachforschungen über sie anstellen, weil Sie meistens wissen, womit Sie es zu tun haben.

Spielt Ihre Geschichte hingegen in der Zukunft, sollten Sie sich zumindest in recht groben Zügen mit den (potentiellen) Technologien der nächsten Jahrzehnte oder gar Jahrhunderte auseinandersetzen. Ist Ihre Story hingegen in der Vergangenheit angesiedelt, bedarf es Recherche über Sprache, Normen, Technik, Verhaltensweisen und vieles mehr.

Unser riesiger Vorteil gegenüber früheren Autoren-Generationen ist gleichwohl, dass die meisten Antworten auf die brennendsten Fragen heute nur noch einen Mausklick entfernt sind: Dank Google und Wikipedia kann man innerhalb weniger Sekunden nahezu alles sowohl über die Technologien der Zukunft als auch über unsere Vergangenheit herausfinden und sich zumindest in die Grundzüge innerhalb kürzester Zeit problemlos einlesen. Und wenn es dann doch mal etwas mehr in die Tiefe gehen soll, ist ein Buch online im Nu bestellt – oder gar in Sekundenschnelle auf Ihrem eBook Reader!

Recherche sollte heutzutage daher kein echter Grund mehr sein, sich für oder gegen ein Setting zu entscheiden. Gerade die Vergangenheit hat den Vorteil, dass Sie sich recht klar an gewisse Vorgaben halten und auf gewisse Erwartungen der Leser setzen können, daher weniger World Building betreiben müssen. Insbesondere populäre Zeiträume wie die DDR, das Dritte Reich, aber auch das Mittelalter sind dank unzähliger Romane, Kino- und TV-Produktionen bereits derart etabliert, dass viele Erklärungen schlichtweg entfallen können.

Darüber hinaus sollten Sie auch nicht den Fehler machen, Recherche so zu verstehen, dass Sie wirklich *alles* über eine Epoche, einen Zeitraum und den Lebensstil der Menschen zu dieser Zeit erzählen müssen: Oft reichen bereits einige gute, eingestreute Details, um eine Geschichte glaubhaft zu machen.

Sofern Sie ein paar wichtige Informationen interessant und spannend ausführen können, bemerkt die Mehrheit der Leser nicht, wenn Sie sich an anderen Stellen künstlerische Freiheit genehmigen. Das mag nicht immer realistisch sein, aber das ist auch im Grunde nie das Ziel einer Geschichte: Kein einziger deutscher TV-Krimi ist realistisch und doch sitzen Woche für Woche zig Millionen Menschen vor dem Fernseher und lassen sich davon unterhalten.

Die Gegenwart mag derweil mitunter durchaus sogar mehr Recherche erfordern als Vergangenheit oder Zukunft, weil es mehr Leser bzw. Zuschauer gibt, die sich mit diesem oder jenem Thema genau auskennen und etwaige Fehler anprangern können. Das hält viele Autoren zwar nicht davon ab, an alten Klischees festzuhalten – denken Sie nur an die Ortung von Telefonen oder das Zuordnen von Internet-Anschlüssen, das in nahezu jedem Krimi völlig falsch dargestellt wird –, aber es ist zumindest eine Überlegung wert, dass bemühter Realismus schnell ins Gegenteil umschlagen kann.

Wir halten fest: Wie viel Recherche für Ihre Geschichte notwendig ist, hängt stark vom eigenen Grundwissen sowie der Wahl des Settings ab. Das weitaus wichtigere Thema ist jedoch das World Building, das auch maßgeblich über den Tonfall entscheidet – und zu dem wir nun kommen!

World Building: Eine Welt etablieren

World Building ist ein etwas abstrakter Begriff, aber er lässt sich recht leicht in bessere Worte fassen: World Building ist die Kunst, dem Setting einen eigenen Charakter zu verleihen, das Setting über sich selbst hinaus wachsen zu lassen. Denn eine bloße Beschreibung der Umgebungen, der Kulisse, liest sich oft wie ein Reiseführer: Hier das Brandenburger Tor, mit dem der Charakter diese oder jene Erinnerung verbindet, dort der Reichstag, der im Jahre soundso erbaut wurde, dort der Ku'damm, auf dem sich die Massen drängen, und so weiter und so fort. Das schreibt sich schnell und einfach, aber es ist auch nicht ansatzweise lesenswert.

Unter World Building verstehen wir daher die Kunst, der Umgebung ein Gesicht zu geben, sie etwas über die Welt, in der wir uns befinden, aussagen zu lassen. Was sowohl in einer realistisch angehauchten Gegenwart als auch in Fantasy- oder Sci-Fi-Szenarien unabdingbar ist.

Ganz entscheidend ist dabei oft die erste Szene, der Einstieg in Ihre Geschichte: Beginnen Sie sie mit einem eher optimistischen Moment, mit der Schönheit einer Stadt, damit, dass ein Mensch einem anderen Menschen hilft, dann erwarten wir, dass sich die Welt auch im weiteren Verlauf des Buchs so gestaltet – oder aber der erste Eindruck komplett auf den Kopf gestellt wird und die absolute Ausnahme darstellt.

Beginnen Sie mit einem eher pessimistischen Moment, mit einem Obdachlosen, der von der Treppe eines teuren Bankgebäudes verjagt wird, wovon keiner der Passanten auch nur im Ansatz Notiz nimmt, sagt auch das etwas über Ihre Welt aus. Wenn Sie zeigen wollen, dass Ihr Held die einzige gute Figur in Ihrer Geschichte ist und somit einer Übermacht gegenübersteht, dann beginnen Sie vielleicht mit einer Actionsequenz, die ihm im Kampf gegen jene Übermacht zeigt und diese als klare Bedrohung etabliert.

World Building lässt sich zu einem gewissen Grade mit dem Grundsatz des „Show, don't tell!", also „Zeigen, nicht sagen!", gleichsetzen, denn hier ist es fast immer die Umgebung, die Kulisse – wenn auch zum Teil in Form von kleinsten Nebenfiguren –, die etwas über Welt und Geschichte verrät.

Einen film noir beginnt man nicht mit einer romantischen, hoffnungsvollen Liebesszene, genauso wie man nicht eine seichte, romantische Komödie mit einer tragischen Trennung oder gar dem Tod einer Figur beginnt. (Ganz wenige Ausnahmen bestätigen natürlich die Regel.)

World Building ist ein elementarer Bestandteil jeder Story, die größte Bedeutung kommt ihm jedoch natürlich im Sci-Fi- und Fantasy-Genre zu: Wenn Sie den Leser in eine vollkommen fremde Welt entführen wollen, müssen Sie diese Welt möglichst detailreich etablieren, spannend und interessant gestalten, dem Leser das Gefühl geben, mehr über diese Welt erfahren, vielleicht sogar in ihr leben zu wollen. Oder sie fürchten und verabscheuen zu lernen.

Auch hierbei gilt jedoch die schon zuvor erwähnte Regel der Kombination des Vertrauten mit dem Unbekannten oder Überraschenden. Gerade im Sci-Fi-Genre ist die Verlockung groß, eine von menschenunähnlichen Aliens bewohnte Welt zu beschreiben, die keinerlei Parallelen zu der uns bekannten, menschlichen Welt aufweist. Das mag auf den ersten Blick spannend klingen, gestaltet sich auf den zweiten allerdings äußerst schwierig, weil es in unserer Natur liegt, Parallelen zu uns selbst zu suchen, menschliche Geschichten und Emotionen hören und erfahren zu wollen – und das gelingt mit abstrakten Wesen nur schwer.

Wenn Sie an die größten Erfolge des Sci-Fi- und Fantasy-Genres denken – von „Star Trek" bis hin zu „Herr der Ringe" – unterscheiden sich deren Welten zwar in vielerlei Hinsicht von der unsrigen, zugleich verbindet uns jedoch auch vieles: Die Hoffnung auf eine harmonische Zukunft sowohl zwischen den verschiedenen menschlichen Rassen und Geschlechtern als auch das Verständnis mit dem Fremden war es, was vor allem „Raumschiff Enterprise" und seine Nachfolger weitgehend ausgemacht hat. Viele der Geschichten hätten statt auf einem Raumschiff und im Weltraum auch auf einem Schiff auf der Erde spielen, Captain Kirk ein Entdecker aus dem Zeitalter von Kolumbus sein können. All und Aliens waren also nur ein Twist einer eigentlich bekannten Welt und Story.

Aber auch in unserer Gegenwart lassen sich durch World Building mit ganz einfachen Mitteln sehr unterschiedliche Eindrücke erzielen. Nehmen wir den beliebten deutschen Dorfkrimi: Wie sieht die dortige Polizeistation aus? Ist sie ruhig, friedlich und harmonisch, geht dort ein einfacher aber herzensguter Polizist seinem harmlosen Dienst nach? Sorgt er für eine angenehme Kulisse, gießt die Blumen und räumt alles auf, putzt sogar regelmäßig? Oder ist sie verwahrlost und heruntergekommen, weil für das Land schlicht keine Mittel mehr zur Verfügung stehen – und der einzige Polizist wurde hierher strafversetzt, hasst seine Arbeit? Sind die Blumen vertrocknet, die Papierkörbe überfüllt und für etwaige Besucher steht nicht einmal ein Stuhl bereit?

Zwei im Grunde identische Schauplätze, beide in der Gegenwart, die auch ohne Figuren etwas vollkommen Unterschiedliches aussagen können! Das ist eine der zahlreichen Möglichkeiten des World Buildings.

Wir halten fest: Denken Sie darüber nach, was Sie mit Ihrem Setting aussagen wollen, wie es auf die Geschichte und Ihre Figuren einwirken könnte – und gestalten Sie die Welt dementsprechend! Selbst kleinste, gezeigte Details können oft echter und weniger behauptet wirken als gesprochene Worte.

Was macht ein Setting interessant?

Oder anders gefragt: Wie interessant sollte das Setting einer Geschichte sein? Beginnen wir zunächst damit, denn die Beantwortung dieser Frage fällt gar nicht so leicht. Auf der einen Seite erscheint es naheliegend, dass das Setting im Vergleich zu Charakter und Plot keine allzu große Bedeutung besitzt, schließlich kann man auch ein Kammerspiel mit nur zwei Personen in einem einzigen Raum erzählen, der nicht einmal besonders ausgearbeitet sein muss.

Auf der anderen Seite aber kann ein interessantes, faszinierendes Setting eine Geschichte runder wirken lassen und sogar über leichte Schwächen im Plot oder bei den Figuren hinwegtäuschen. Gerade im Sci-Fi- und Fantasy-Genre gibt es ganze Romanreihen, die in erster Linie nicht von ihren Charakteren, sondern von einer spannenden Welt leben.

Was ein Setting spannend macht, ist im Grunde das Gleiche, was auch Figuren und Plot für uns interessant gestaltet: Es sollte vertraut und doch überraschend sein, etwas über die Bewohner dieser Welt und damit indirekt über uns aussagen können sowie dazu beitragen, Drucksituationen für den Protagonisten zu erschaffen.

Denn natürlich können nicht nur Charaktere dem Helden Hindernisse in den Weg stellen und Druck auf ihn ausüben, das Setting kann es ebenso. Denken Sie zum Beispiel an jegliche Geschichten, die in einem Krieg spielen: Die Bedrohung – und damit auch Druck und Hindernisse – gehen dabei nur selten von einer einzigen Person aus, es ist dann vielmehr die Gesamtsituation, die Lage der Welt und damit eben jenes Setting, das den Zielen unseres Helden und seiner Mitstreiter ständig entgegenwirkt.

Und das funktioniert natürlich ebenso im Kleinen: Denken Sie nur an die unzähligen Dorfkrimis – wunderbar albern auf die Spitze getrieben in dem Film „Hot Fuzz“ –, in denen der Stadtkommissar auf die Landbevölkerung trifft, die ihm in der Regel allgemein skeptisch gegenübersteht, nicht mit ihm reden will – und natürlich tut auch er sich schwer damit, sich auf dem Land zurechtzufinden, wo es oft keinen Handyempfang sowie kein Breitband-Internet gibt und wo im zwischenmenschlichen Zusammenleben häufig, wenn auch mitunter klischeehaft, noch andere Regeln gelten.

All das kann ein Setting im Großen und Ganzen interessant und spannend gestalten, es zu einem eigenen Charakter in Ihrer Geschichte machen, doch wie ist es im Kleinen? Wie entscheidet man, wo nicht die gesamte Story, sondern nur eine einzige Szene spielen soll? Oder anders:

Was macht eine Location interessant?

Auch auf die Gefahr hin, dass wir uns wiederholen: Einzelne Locations sind in erster Linie dann interessant, wenn sie nicht das sind, was wir erwarten, wenn sie uns überraschen, aber auch, wenn sie Einfluss auf die Geschichte ausüben.

Nehmen wir an, Ihr Held will seiner Freundin einen Heiratsantrag machen. Die naheliegende Location dafür wäre vermutlich ein romantischer Ort, der beiden unter Umständen etwas bedeutet, vielleicht aber auch einfach nur ein schönes Restaurant. Doch wäre das interessant, bemerkenswert oder gar spannend?

Vermutlich nicht, also könnte man über andere Möglichkeiten nachdenken: Was, wenn er den Antrag zwar in einem Restaurant plant, die beiden dann aber aus welchen Gründen auch immer – vielleicht Erregung öffentlichen Ärgernisses – von der Polizei überrascht werden? Wenn sie dann plötzlich in Handschellen auf der Rückbank eines Polizeiautos säßen und Ihrem Helden klar würde, dass er gleich vermutlich durchsucht wird und sein Antrag auffliegt? Müsste er in dem Fall nicht auf der Rückbank im Polizeiauto in Handschellen versuchen, ihr noch schnell den Antrag zu machen? Und wäre das nicht ein gleichermaßen spannendes wie ungewöhnliches Setting?

Wie würde seine Freundin darauf reagieren? Wäre sie noch wütend, weil er vielleicht für die Situation verantwortlich ist? Fände sie die Umstände unpassend? Oder wäre sie gerührt? Würde sie ihm noch im Auto in die Arme fallen, soweit das in Handschellen möglich ist? Oder passiert vielleicht sogar das Schlimmste nur vorstellbare: Beim Versuch, den Ring zu erreichen, verliert der Held ihn und er rutscht zwischen die Sitze des Polizeiautos? Muss er seinen Antrag nicht nur verschieben, sondern das Polizeiauto gar ein zweites Mal von innen sehen?

Vielleicht ist es aber auch ganz anders. Ein Heiratsantrag in einem Restaurant stellt kein großes Risiko dar – auf einem Riesenrad hingegen, auf dem es für eine halbe Stunde kein Entkommen gibt, wird es spannend, wenn er oder sie nein sagt.

Natürlich ist das nur ein Ansatz und vielleicht ein wenig konstruiert, aber in einer romantischen Komödie so nicht undenkbar. Das gleiche Prinzip funktioniert jedoch natürlich auch in anderen Genres.

Nehmen wir an, Ihr Held, ein Kleinkrimineller, der raus aus seiner „Branche“ will, hat Mist gebaut und muss sich bei seinem Boss dafür verantworten. Doch der bestellt ihn nicht, wie sonst üblich, in sein Büro, sondern in, sagen wir, einen Schlachthof, den er besitzt, weil er dort angeblich gerade einen

Termin hat. Dass unser Held nicht nur mit anderen Erwartungen und Gefühlen zu diesem Treffen geht, sondern selbiges auch gänzlich anders abläuft und andere, vermutlich stärkere, Spannungsmomente ermöglicht, ist offensichtlich.

Oder denken wir an einen verdeckten Ermittler: In einer Szene-Kneipe geht er vermutlich kein großes Risiko ein, aufzufliegen. Aber was, wenn sein „Boss" ihn überraschend in eine Bar schleppt, in der vor allem Polizisten verkehren, weil sie sich direkt neben dem Polizeipräsidium befindet?

Doch nicht nur mit Witz und Spannung, auch mit Ironie lässt sich in Hinblick auf die Locations spielen. Vielleicht ist Ihrem Protagonisten gerade ein Durchbruch in seinem Projekt gelungen, an dem er seit Jahren gearbeitet hat, es winken Ruhm und Reichtum. Natürlich will er als erstes seiner Frau davon erzählen, doch blöderweise ist die erste Gelegenheit, auf der er sie sieht, die Beerdigung einer entfernten Verwandten. Kann er sich noch ein paar Stunden lang zurückhalten? Oder taucht er mit breitem Grinsen auf dem Friedhof auf, weil er sich einfach nicht helfen kann?

In allen drei Fällen ist es das Setting, das die eigentlich gewohnte und vielleicht sogar harmlos wirkende Situation erst interessant macht, Druck aufbaut und Spannung oder Witz erzeugt. Natürlich darf auch nicht jede Szene in einer ungewöhnlichen Kulisse spielen, denn das wirkt aufgesetzt und fällt dem aufmerksamen Leser auf, während der unaufmerksame sich darüber wundert, dass ihm in dieser Geschichte so wenig vertraut vorkommt.

Aber zumindest die Frage „Wo könnte diese Szene noch spielen, um sie etwas interessanter zu machen?" sollte immer gestellt werden.

Wir halten fest: Das Setting ist in den meisten Geschichten weitaus mehr als nur Staffage, es kann sowohl im Großen, im Hinblick auf die gesamte Welt, als auch im Kleinen, in Hinblick auf einzelne Szenen, zusätzlich Spannung, Witz oder Druck erzeugen. Das Naheliegende ist fast immer auch das Langweiligste, zugleich gilt es jedoch, das richtige Mittelmaß zwischen Vertrautheit und Abwechslung zu finden.

Übung: Wählen sie vier, fünf klassische Situationen aus Romanen und Filmen wie beispielsweise die Befragung eines Zeugen oder aber den Versuch eines jungen Mannes, den Vater seiner Angebeteten zu überzeugen, sie heiraten zu dürfen – und überlegen Sie dann, wo sich diese Situationen üblicherweise abspielen würden und wo sie stattdessen stattfinden könnten, um sie interessanter zu gestalten!

Wissen anwenden: Das Setting finden!

Wie schon bei den Figuren wollen wir auch beim Setting noch einmal die wichtigsten Schritte durchgehen, um Sie von der groben Vorstellung von Zeit und Kulisse zu einer komplexen Welt für Ihre Geschichte zu führen.

1. Wann und wo spielt die Geschichte?

Überlegen Sie, in welcher Zeit und an welchem Ort beziehungsweise welchen Orten ihren Geschichte spielt und aus welchem Grund! Die Gegenwart mag oft die erste Antwort darstellen, muss aber nicht immer die beste sein. Sowohl potentielle Konflikte als auch eine etwaige Aussage spielen in diese Antwort mit hinein!

2. Wenn nötig, recherchieren Sie!

Spielt Ihre Geschichte in der Vergangenheit, lesen Sie zwei, drei Bücher über diese Epoche! Spielt sie in der Zukunft, lesen Sie möglichst viele Artikel über potentielle Technologien der nächsten Jahrzehnte! Spielt sie schlichtweg in einem anderen Land, bereisen Sie es, wenn möglich! Wie auch immer sie es tun, sammeln Sie genügend Informationen, damit Sie sich in Ihrer Welt „sicher“ fühlen!

Stellen Sie sich selbst als Fremdenführer vor: Sie müssen dem Leser die wichtigsten Fragen beantworten, ihm die Welt erklären können, aber Sie müssen nicht jede Nachfrage aus dem Stehgreif beantworten können. Ein paar spannend präsentierte Details täuschen über die ein oder andere Lücke hinweg.

3. Was ist der gewünschte Tonfall?

Gegenwart ist nicht gleich Gegenwart, Zukunft nicht gleich Zukunft und Vergangenheit nicht gleich Vergangenheit. Das Setting ist maßgeblich von Ihrer eigenen Weltsicht sowie der Ihrer Figuren abhängig: Was ist Ihnen wichtig? Was wollen Sie besonders herausstreichen? Ist der Tonfall der Geschichte hoffnungsvoll oder pessimistisch? Das sollte sich in Ihrem Setting widerspiegeln!

4. World Building: Zeigen Sie den Tonfall!

In Filmen ist Setting in erster Linie die Kulisse, was sich aber auch auf Romane übertragen lässt, denn im Setting geht es vorrangig darum, dem Leser die Welt zu zeigen. Etablieren Sie die Welt und ihren Tonfall nicht, indem Sie behaupten („Berlin war eine korrupte Stadt.“), sondern indem Sie diese Behauptung anhand eines simplen Beispiels zeigen und beweisen.

5. Was ist die beste Location?
Wie wirkt sich eine Location, also eine Umgebung, auf den Tonfall einer Szene aus? Erschafft sie vielleicht sogar neue Konflikte, generiert zusätzliche Spannung, verrät etwas über die Figuren? Nicht jeder Moment Ihrer Geschichte muss an einem besonderen Ort spielen, aus vielen aber lässt sich mit Hilfe der Location das gewisse Extra herausquetschen.

6. Ist Ihr Setting konsequent?
Die Frage stellt sich mitunter erst nach dem Schreiben des ersten Entwurfs, kann aber auch schon in die Entwicklung reinspielen: Ist Ihre Welt stringent und erzählen Sie Ihre Welt konsequent? Einmal etablierte Spielregeln lassen sich nicht ohne Weiteres auf den Kopf stellen, ein einmal erzählter Eindruck lässt sich nur mit einer nachvollziehbaren Erklärung widerlegen.

Mit diesen fünf bis sechs Schritten sind Sie bereits auf einem guten Weg!

Plot finden

Wenn Sie ein ungeduldiger Mensch sind – und mal ehrlich, das sind wir fast alle –, dann sagen Sie jetzt vielleicht: Endlich! Endlich geht es um den Plot, also um das, was wir wirklich unter einer Geschichte verstehen und was uns die meisten Probleme bereiten mag.

Doch wie auch schon zu Beginn unserer Entwicklung geschrieben: Charakter und Setting sind elementare Bestandteile auf dem Weg zum Plot und häufig sind etwaige Probleme in eben jenen Bereichen zu suchen, weil es der Geschichte an einer spannenden Figur oder einen interessantem Setting mangelt. Aber genug der Vorrede, kommen wir zur Sache!

Die Struktur einer Geschichte

Wie schon bei den Charakteren soll Sie an dieser Stelle keine Geschichtsstunde langweilen, denn die graue Theorie früherer Tage hat mit vielen Romanen und Filmen von heute nur noch sehr wenig gemein. Dennoch ist es nicht verkehrt, die grundsätzliche Struktur einer Geschichte zu verstehen, die in vielen verschiedenen Modellen ausformuliert wurde, die sich letzten Endes aber allesamt auf einen gemeinsamen Nenner herunterbrechen lassen: die so genannte Heldenreise.

Ein kleiner Hinweis vorab: Im Folgenden betrachten wir die Struktur einer Geschichte in erster Linie in Hinblick auf und am Beispiel von Filmen. Das hat nichts damit zu tun, das für Romane nicht im Grunde die gleichen Regeln gelten würden, sondern damit, dass Filme sich aufgrund der Zuschauererwartung aber auch externer Einflüsse wie etwa den hohen Produktionskosten überwiegend sehr stark an etablierte

Regeln halten, manch einer spricht deshalb sogar von einer „Hollywood-Formel“.

Die Grundlagen dieser Regeln gelten jedoch für nahezu jede Geschichte dieser Welt. Natürlich gibt es wie immer klare Abweichungen von den Regeln, manche Filme und Bücher brechen sie bewusst, andere unbewusst. Grundsätzlich aber lässt sich fast jede gute Story zumindest im Nachhinein in diese Strukturen packen, ob der Autor es im Voraus so geplant haben mag oder nicht.

Akte, Sequenzen und Heldenreise

Die Geschichte eines Buchs oder Films ist immer die des Protagonisten. Eine Figur mit einem klar definierten Ziel und mindestens einem großen Problem, das ihr im Weg steht, dieses Ziel – und allgemein ihre Träume – zu erreichen.

Aufgabe des Plots ist es, den Protagonisten in gewisser Weise dazu zu zwingen, sich seinen Problemen zu stellen, sie zu besiegen und am Ende ein besseres Leben zu führen, wobei in der Regel acht grobe Stationen durchlaufen werden. Im Film spricht man häufig von den acht Sequenzen, die man als acht Mini-Filme mit acht Mini-Zielen betrachten kann, oder aber von den drei Akten. Wir kombinieren beides:

1. Akt

1. Sequenz: Der Status Quo

Der erste Akt und insbesondere die erste Sequenz zeigen in der Regel den späteren Helden beziehungsweise Protagonisten in seinem gewöhnlichen Umfeld und seinem Alltag. Dieser Alltag kann – wie etwa bei James Bond oder Indiana Jones –

bereits spannend und abenteuerlich wirken, ebenso gut kann er aber wie zum Beispiel in „Und täglich grüßt das Murmeltier" belanglos, langweilig oder frustrierend sein.

Diese Gewöhnlichkeit bezieht sich allerdings nur auf das Umfeld – Ihr (späterer) Held hingegen muss von Anfang an interessant und spannend dargestellt werden! Selbst wenn er nur ein einfacher Familienvater und Angestellter ist, ist es Ihre Aufgabe, zu Beginn des ersten Aktes seine Stärken wie beispielsweise Mut, Schlagfertigkeit oder Kompetenz klar zu zeigen, auch wenn sie verborgen sein mögen oder gar unterdrückt werden.

Denn zugleich hat der Protagonist vor dem echten Beginn der Geschichte noch ein klares Problem. Vielleicht traut er sich nie, anderen Widerworte zu geben, weil er sich zu schwach fühlt, vielleicht versteckt er seine Kompetenzen, um nicht aufzufallen, vielleicht hat er Bindungsängste oder gesteht sich nicht seine eigenen Gefühle ein.

Wichtig ist, dass er ein starkes Problem hat, eine glasklare Schwäche aufweist, auf die er zu diesem Zeitpunkt noch nicht reagiert und die ihn in seinem Alltag sowie in seiner Lebensplanung und -gestaltung limitiert.

Nicht selten wird dieses Problem anhand einer Szene sehr klar und offensichtlich dargestellt, woraufhin im Anschluss der beste Freund des Protagonisten es dem Leser oder Zuschauer sogar noch einmal erklärt: „Weißt Du was dein Problem ist? Dein Problem ist…", ist ein Satz, den Sie vor allem in Filmen vermutlich schon ein paar hundert Mal gehört haben.

Weil der Satz so über die Maße verwendet wird und im Grunde längst als Klischee gilt, sollten Sie ihn meiden und sich darauf konzentrieren, das Problem des Protagonisten so deutlich zu zeigen, dass auch Leser und Zuschauer, die den Wink mit dem Zaunpfahl brauchen, es verstehen. Gleichwohl ist es nicht verkehrt, als Autor den Satz einmal für sich selbst zu formulieren, ohne ihn später im Buch zu verwenden: „Das Problem des Protagonisten ist, dass…“

Zu dem anfangs erwähnten Umfeld und Alltag des Helden zählen natürlich auch die wichtigsten Nebenfiguren, seine etwaigen Mitstreiter sowie Gegner, mitunter sogar der Antagonist. Ein häufiger Fehler in dieser ersten Sequenz ist, es mit der Darstellung des Alltags des Heldens etwas zu wörtlich zu nehmen. Gerade Anfänger zeigen den Protagonisten gerne in den ersten Szenen im Bett liegen, aufstehen, duschen, beim Frühstück, auf dem Weg zur Arbeit, bei der Arbeit, im Clinch mit dem Chef und seinen Kollegen, beim Mittagessen, wieder bei der Arbeit, auf dem Weg nach Hause, im Streit mit seiner Familie und Kindern sowie in der spärlichen Freizeit. Das ist nicht nur zuviel, sondern schlichtweg langweilig und wirkt so, als würde der Autor lediglich sein eigenes Leben nacherzählen.

Wählen Sie daher einige wenige aussagekräftige Momente, die jeweils etwas über den Charakter des Helden sowie sein Problem offenbaren und kommen Sie dann zur Sache.

Denn am Ende der ersten Sequenz steht:

Der Inciting Incident: Der so genannte Inciting Incident ist der Auslöser für die Entwicklung des Protagonisten, also der Moment, der die Geschichte ins Rollen bringt. Häufig, indem er das Leben des Helden so verändert, dass es für ihn kaum noch möglich ist, seinem ehemaligen Alltag nachzugehen, auch wenn ihm das zu diesem Zeitpunkt selbst noch nicht bewusst sein mag.

Der Inciting Incident kann sowohl ein riesiges, für alle erschreckendes Ereignis, aber auch nur ein kleiner, den Protagonisten selbst betreffender Moment sein; es ist jedoch immer ein erster Aufruf, ein Abenteuer einzugehen, sich dem Alltag zu entsagen und damit eine Veränderung in die Wege zu leiten.

Beispiele für einen Inciting Incident gibt es unzählige: Die Entführung eines Familienmitglieds, ein Mord im privaten Umfeld, der plötzliche Tod eines Freundes, das Kennenlernen eines potentiellen Partners, ein Überfall, eine drohende Gefängnisstrafe, ein mentaler oder physischer Zusammenbruch, der Jobverlust und soziale Absturz, die Beförderung eines Kollegen, der es so gar nicht verdient hat, der bevorstehende Weltuntergang, und, und, und.

Zugleich wird hierbei üblicherweise auch die anfängliche Fallhöhe etabliert: Wenn der Protagonist das Abenteuer nicht annimmt oder scheitert, was passiert dann? Was steht auf dem Spiel? Sein eigener Tod oder der einer ihm nahestehenden Person? Demütigung, die Aufgabe der Hoffnung auf ein besseres Leben oder schwerwiegende finanzielle Verluste als metaphorischer Tod?

Kurz gesagt: Der Inciting Incident ist der Moment, in dem die wirkliche Geschichte beginnt und in dem der Leser oder Zuschauer herausfindet, worum es in dieser Geschichte geht.

<u>2. Sequenz: Tu ich's oder tu ich's nicht?</u>

Der Inciting Incident ist zwar der wirkliche Beginn der Geschichte, er ist in der Regel jedoch noch nicht der wirkliche Beginn des Abenteuers. Nur die wenigstens Menschen sind so mutig, dass sie sich bei dem ersten Aufruf sofort in die neue Welt stürzen, Risiken eingehen und vor allem: sich verändern.

Denn nichts widerstrebt den meisten Menschen mehr als die eigene Veränderung – und auch wenn viele Film- und Romanfiguren nur sehr bedingt realistisch sind, so trifft diese Angst vor der Veränderung auch auf sie zu.

Fast immer reagiert der Protagonist daher zunächst mit Ablehnung auf die Aufforderung des Inciting Incidents: Jemand anderes wird sicher dem Ruf folgen, ich wäre dazu überhaupt nicht in der Lage, mein Leben ist doch gar nicht so schlimm, ich bin nicht stark und intelligent genug, ich habe keine Zeit dafür, ich habe diese oder jene Verpflichtung, und so weiter.

Dennoch verstrickt sich Ihr Protagonist hier bereits häufig in Diskussionen mit seinen Freunden, die ihn mitunter dazu auffordern, dem Ruf des Abenteuers nachzukommen – und der Held offenbart mitunter insgeheim durch diese Debatten, dass ihn der Gedanke durchaus reizt oder er, wenn er tatsächlich ein unfreiwilliger Held ist, zumindest darüber nachdenkt, weil er sich im Ansatz dazu gezwungen fühlt.

Nicht selten sucht der Held in dieser Sequenz daher auch noch Hilfe von außen, beispielsweise die der Polizei, die ihn und seine Ängste jedoch nicht ernst nimmt, oder aber die Hilfe eines Mentors, von dem er sich Aufmunterung und weise Ratschläge erhofft, wie um alles in der Welt er das Abenteuer nur angehen und bestehen soll.

Diese Hilfe kann, nun, helfen, seine Entscheidung für den Weg ins Abenteuer zu formen, in den meisten Fällen ist sie alleine jedoch nicht genug und es benötigt ein, zwei weitere Steine des Anstoßes, um dem Protagonisten den letzten Tritt in den Allerwertesten zu geben, das Abenteuer zu beginnen.

Das gängigste Mittel dafür ist es, den Druck auf den Helden zusätzlich zu erhöhen, indem zum Beispiel eine tickende Zeitbombe eingeführt wird – er hat nur 48 Stunden Zeit, handelt also entweder jetzt oder nie –, indem die Fallhöhe vergrößert wird – es steht nicht nur sein Job auf dem Spiel, sondern auch seine Beziehung – oder aber indem ihn einer seiner Gegner in seinen Zweifeln bestätigt und somit antreibt: „Ja, der könnte es eh nicht schaffen, der Loser."

Selbst ein tapferer Held wie Indiana Jones diskutiert in „Jäger des Verlorenen Schatzes" mit der CIA darüber, ob die Bundeslade wirklich existiert und bezeichnet sie als Mythos, lehnt den Ruf des Abenteuers also zunächst ab.

Wichtig: Der Protagonist ist hier in den meisten Fällen noch nicht Herr seiner Geschichte, da er selbst bisher nicht die Initiative ergriffen hat. Er ist zu diesem Zeitpunkt zu einem gewissen Grade ein Spielball äußerer Ereignisse und kann somit auch durch Zufall – im falschen Moment am falschen Ort – in eine Drucksituation geraten, die ihm keine andere Möglichkeit lässt, als das Abenteuer zu beginnen.

Der Schritt in die unbekannte Welt: Auch als erster Plotpunkt bekannt, beendet der Schritt in die unbekannte Welt den ersten Akt und stellt den Einstieg des Helden ins Abenteuer dar. Es ist das erste klar erkennbare Zeichen einer Veränderung des Protagonisten, der zu Beginn der Geschichte in der Regel nicht bereit gewesen wäre, diesen Schritt – ohne die seitdem erfolgten Ereignisse – zu gehen.

Der Schritt in die unbekannte Welt ist häufig ein wenig subtiler Einschnitt, der oft sogar durch einen Ortswechsel symbolisiert wird: Indiana Jones bereist ein fremdes Land, Harry Potter verschlägt es nach Hogwarts, in „Hangover" verlassen die Helden wiederum ganz einfach nur ihr Hotelzimmer.

Denn der neue Ort muss natürlich nicht gleich ein gänzlich anderes Land sein: Einen braven Lehrer kann es in eine Kneipe im Gangstermilieu führen, einen Obdachlosen in ein Luxushotel, einen an Sport vollkommen desinteressierten Mann in ein Fußballstadion und eine Romantik-verachtende Frau in ein Restaurant mit Meerblick bei Sonnenuntergang – auch das sind in ihrem jeweiligen Kontext unbekannte, fremde Welten.

Der Ortswechsel und der Einstieg in die neue Welt bedeuten in der Regel jedoch keine wirkliche Veränderung der Persönlichkeit des Protagonisten, denn dafür ist es noch zu früh. Der Lehrer wird in der Kneipe daher vermutlich zunächst versuchen, genauso wie mit seinen Schülern zu reden, der Obdachlose sich im Hotel nicht zurechtfinden, der Mann sich im Stadion verloren fühlen, die Frau die Romantik ablehnen.

Die wirkliche Veränderung des Protagonisten beginnt erst langsam im nun folgenden zweiten Akt.

2. Akt

Der zweite Akt ist der längste Teil einer Geschichte, macht er doch mindestens die Hälfte aus, weshalb sich viele Autoren mit ihm schwertun. Denn während Anfang und Ende oft schnell klar sind, fühlt sich der zweite Akt nicht selten träge und langweilig an, was durchaus nachvollziehbar ist, geht es hier doch im Grunde nur darum, den Helden vor möglichst schwere Prüfungen zu stellen und ihm Hindernisse in den Weg zu legen, ihn also von dem Erreichen seines Ziels abzuhalten.

Mit anderen Worten: Der zweite Akt treibt die Geschichte, die Entwicklung, zwar voran, bremst sie aber zugleich zu einem gewissen Grade, ohne dass es auffallen darf.

Damit sich der Weg zum Ziel für Leser oder Zuschauer trotzdem interessant gestaltet, gibt man dem Helden oft mehrere kleine Ziele mit auf den Weg, die er zunächst „abarbeiten" muss, um sein großes Ziel erreichen zu können. Besonders klar zu erkennen ist das in den zahlreichen Einbrecherfilmen wie etwa „Ocean's Eleven", in denen erst dieses Crew-Mitglied, jenes Werkzeug und diese oder jene Information benötigt wird, um letzten Endes den großen Einbruch durchführen zu können.

3. Sequenz: Erster Lösungsversuch

Grundsätzlich bezeichnet man den nächsten Schritt in der Geschichte als den ersten „Lösungsversuch" des Helden. Er versucht zu diesem Zeitpunkt, mit für ihn möglichst vertrauten Mitteln und ohne eine echte Veränderung sein Ziel zu erreichen, geht also – trotz des zuvor erfolgten Schrittes in die neue Welt – weiterhin den Weg des für ihn geringsten Widerstandes.

Manche Helden suchen zu diesem Zeitpunkt sogar weiterhin Hilfe von außen, anders als noch im ersten Akt geht die Initiative dabei jedoch klar vom Helden aus; er ist sich nun bewusst, dass er sein Ziel selbst erreichen will und muss. Selbst dann, wenn ihm niemand dabei zur Seite steht.

In Krimis, auch wenn sie strukturell aufgrund der häufig nur schwachen Entwicklung des Protagonisten nicht die besten Beispiele darstellen, verbringt der Kommissar den Beginn des zweiten Aktes, also diese Sequenz, oft damit, nach Spuren zu suchen und Zeugen zu befragen.

Man könnte es auch einfach als Routine umschreiben, denn er macht schlichtweg das, was von ihm erwartet wird, ohne dafür kreative Lösungen zu suchen, neue Wege einzuschlagen oder gar sich selbst zu verändern.

In einer romantischen Komödie besteht diese Sequenz oft aus der Kennenlernphase, in Thrillern oder Abenteuern wird der Held zum ersten Mal auf die Probe gestellt und muss eine noch vergleichsweise einfache Aufgabe erledigen.

Je nachdem, welche Entwicklung Ihr Protagonist durchleben soll, kann diese erste Sequenz sowohl mit einem Erfolg als auch mit einem Rückschlag enden. Erwartet ihn zur Mitte der Geschichte hin ein echter Tiefpunkt, ist ein Rückschlag in der Regel die bessere Wahl, soll er hingegen nach etwa der Hälfte der Geschichte einen vermeintlichen Sieg erringen, ist ein Erfolg vorzuziehen. Eine Achterbahnfahrt, also ein Auf und Ab, ist zwar ebenfalls möglich, wirkt dramaturgisch aber mitunter unfokussiert.

4. Sequenz: Zweiter Lösungsversuch

Egal, ob der erste Lösungsversuch mit einem kleinen Erfolg oder mit einem Rückschlag endet, der Protagonist ist am Ende der ersten Sequenz natürlich noch immer weit von seinem Ziel entfernt. Er mag bereits eine kleine, leichte Veränderung durchlebt haben, doch der Ausgang des ersten Lösungsversuchs ruft fast immer in ihm den Drang nach einer stärkeren Veränderung hervor. Was logisch ist, denn wenn er nach dem Schritt in die neue Welt einen kleinen Erfolg gefeiert hat, fühlt er sich bestätigt, sehnt sich nach mehr und ist bereit, eine größere Veränderung einzugehen. War es hingegen ein Rückschlag, wird ihm in der Regel jetzt klar, dass seine leichte Veränderung noch lange nicht ausreicht, so dass er ein noch viel größeres Risiko eingehen muss, um sein Ziel zu erreichen.

Im Prinzip ähnelt diese Sequenz stark der vorherigen, mit dem Unterschied, dass die Veränderung des Protagonisten wesentlich deutlicher sichtbar wird und er sich stärker auf die neue Welt einlässt. Nimmt er die Veränderung – wie häufig in romantischen Komödien – ausschließlich positiv wahr, geht er hier vielleicht sogar in der neuen Welt auf, spielt mit ihr und hat in diesem Abschnitt trotz kleiner Hindernisse und im Hintergrund schwelender Konflikte durchaus Spaß. In Filmen kommen dabei nicht selten Montagen zum Einsatz, also Aneinanderreihungen von kurzen Szenen, die in der Regel mit Musik unterlegt werden und mehrere Erlebnisse oder sogar eine komplette Entwicklung im Zeitraffer zeigen.

Steht der Held hingegen unter Druck, versucht er in dieser Sequenz üblicherweise, eine Aufgabe von höherer Bedeutung zu erledigen, um vielleicht sogar bereits sein Ziel scheinbar zu erreichen. Am Ende steht jedoch in jedem Fall:

Der Wendepunkt: Abhängig von der Dramaturgie und der Entwicklung, die Sie für Ihren Protagonisten erzählen wollen, ist der Wendepunkt entweder ein vermeintlicher Sieg oder eine vermeintliche Niederlage.

Nicht selten wähnt sich der Held hier seinem Ziel schon nahe und glaubt, dass seine bisherige Veränderung ausreicht, um es zu erreichen, wird dann jedoch von dem Gegenteil überrascht. Oder aber er glaubt, alles versucht zu haben, und muss dennoch einen weiteren Rückschlag einstecken, der ihn dazu zwingt, seine Entwicklung und sein Handeln wirklich zu überdenken, einen neuen Ansatz zu finden.

In einer romantischen Komödie kann der Wendepunkt sein, dass der anfangs „schlechte“ Held sich vermeintlich zum Guten verändert und seine große Liebe für sich gewonnen hat, dann jedoch ein Geheimnis auffliegt und der Partner glaubt, sein wahres Gesicht zu sehen. Es kann jedoch auch nur der Punkt sein, an dem zwei Menschen, die sich anfangs verabscheuten, die guten Seiten an dem jeweils anderen erkennen und einen Schritt aufeinander zugehen.

In einem Thriller denkt der Held hier oft, sein großes Ziel erreicht zu haben, nur um dann von einem vermeintlichen Freund hintergangen zu werden oder eine (weitere) tickende Zeitbombe zu finden, die den Druck auf ihn noch erhöht. Und in Krimis wähnt sich der Ermittler entweder am Ende, weil ihm sämtliche Spuren ausgegangen sind, oder aber er glaubt, bereits den Täter geschnappt zu haben – der sich dann jedoch als falsche Fährte entpuppt.

Wichtig ist: Der Wendepunkt ist ein deutlicher Einschnitt in die Geschichte, der Ihrem Helden klarmacht, dass er noch lange nicht sein Ziel erreicht hat und die bisherige Veränderung nicht im Geringsten ausreicht, wenn er am Ende nicht mit leeren Händen da stehen will.

Nicht selten ist der Wendepunkt darüber hinaus der „point of no return", also der Punkt, an dem der Held nicht mehr die Chance hat, einfach wieder nach Hause zu gehen und zu vergessen, was passiert ist. Zuviel steht mittlerweile auf dem Spiel, zu groß ist seine Veränderung.

5. Sequenz: Rückschläge & Konfrontationen

Die fünfte Sequenz ist in erster Linie von der weiteren und nun noch stärkeren Veränderung des Protagonisten gezeichnet, in vielen Filmen sind die Übergänge zwischen dieser und der folgenden Sequenz fließend. Der steigende Druck und die zunehmend stärkeren Widerstände, je näher der Held seinem Ziel kommt, sind jedoch immer spürbar.

Es ist deshalb nichts Ungewöhnliches, dass es an diesem Punkt in der Geschichte häufig zu den ersten wirklich großen und schwerwiegenden Zusammenstößen mit dem Antagonisten oder zumindest seinen Helfern kommt. Aber auch die eigene Vergangenheit kann dem Helden in den Rücken fallen.

Manchmal wird er gefangen genommen und muss sich ein erstes Mal befreien, häufig wird ihm hier klar, dass er sich in einer bedrohlichen Lage befindet – aber er muss dieses Risiko eingehen, um seinem Ziel näherzukommen.

Hat Ihr Held am Wendepunkt eine vermeintliche Niederlage erlitten, ist es allerdings auch nicht unüblich, ihn nun den ein oder anderen kleinen Erfolg erleben zu lassen, um ihm die Hoffnung zu geben, dass seine Veränderung zum Guten ist.

<u>6. Sequenz: Niedergang des Protagonisten</u>

Dennoch zeichnet die sechste Sequenz, unabhängig von den vorherigen Erfolgen oder Misserfolgen, den natürlich meistens nur vermeintlichen Untergang des Protagonisten nach, auf den hier vor Beginn des dritten Aktes alle nur erdenklichen Probleme einprasseln.

Jeder Konflikt, der im Laufe der bisherigen Geschichte etabliert wurde, schlägt mit aller Härte auf ihn ein, sowohl interne als auch externe Probleme, die sich schon lange angedeutet haben, brechen auf und erwischen ihn zu dem schlechtesten nur denkbaren Zeitpunkt.

In vielen Fällen ist der Protagonist jetzt vollkommen auf sich allein gestellt und auch sein neuer Plan, den er sich im Zuge seiner Veränderung zurechtgelegt hat, droht zu scheitern. Zu guter Letzt kommt es dann wie es kommen muss...

Alles ist verloren: Der zweite Akt endet so gut wie immer mit dem absoluten Tiefpunkt der Geschichte. In einer romantischen Komödie sieht es so aus, als sei die Beziehung endgültig zum Scheitern verurteilt, die große Liebe hat sich für einen anderen entschieden oder zieht in ein fernes Land.

In einem Krimi scheint der wahre Täter entkommen zu sein und in einem Thriller steht die Bombe kurz vor der Explosion, während der Held sich in den Fängen des Antagonisten befindet und keine Chance mehr sieht, noch zu entkommen. All seine Bemühungen und sogar die Veränderungen scheinen umsonst gewesen zu sein, er wähnt sich gescheitert.

3. Akt

Der dritte Akt nimmt etwa den gleichen Platz wie der erste Akt der Geschichte ein, also knapp ein Viertel, und führt selbige zu ihrem befriedigenden, logischen Ende. Dabei kommen sämtliche Erkenntnisse, die der Protagonist gesammelt hat, zum Einsatz, er trifft sowohl auf alte Gegner als auch auf Verbündete, vor allem aber beantwortet der dritte Akt alle wichtigen Fragen, die Sie als Autor aufgeworfen haben.

Auch der dritte Akt läuft natürlich nicht ohne Konflikte und Komplikationen ab, im Gegenteil: Es kommt oft zum großen Showdown zwischen Protagonist und Antagonist, in dem ersterer sein gewonnenes Wissen unter Beweis stellt, anwendet und so seinen Gegner in den meisten Fällen besiegt.

7. Sequenz: Wunden lecken & Finaler Plan

Zu Beginn des dritten Aktes leckt der Protagonist oft zunächst seine Wunden. Er ist verzweifelt, macht sich nicht selten selbst

Vorwürfe und weiß weder ein noch aus, ohne jedoch in echtes Selbstmitleid zu verfallen.

Denn schnell wird ihm, häufig mit Hilfe einer zweiten Person, klar, dass seine Veränderung zum Guten war und es noch eine letzte Chance gibt, sein Ziel zu erreichen – er muss sie nur nutzen und einmal mehr alles riskieren, den größten nur vorstellbaren Plan schmieden.

Dabei sollte die Veränderung, die der Protagonist im Laufe der Geschichte durchlebt hat, eine große Rolle spielen: Zu Beginn der Story wäre der Held zwar ohnehin nicht in eine solche Situation gekommen, doch selbst wenn, wäre er nicht in der Lage gewesen, sie zu bewältigen. Mit seinem inzwischen erlernten Wissen und seinem veränderten Charakter jedoch hat er eine letzte Chance, seine große Liebe für sich zu gewinnen, den Täter zu überführen oder den Bösewicht zu stoppen.

Die erste Hälfte des dritten Aktes ist häufig davon geprägt, dass der Held eben jenen Plan schmiedet, auch wenn es dem Zuschauer oder Leser nicht immer ganz offensichtlich gemacht werden muss. Oft steht hier auch der Weg im Vordergrund – die Flucht aus den Fängen des Antagonisten, die Fahrt zum Flughafen, um die große Liebe von der Abreise abzuhalten, oder die Jagd nach der Bombe, die irgendwo versteckt wurde. Dabei kann der Protagonist auf seine Weggefährten zurückgreifen, die er im Laufe der Geschichte kennengelernt hat, trifft jedoch natürlich auch auf alte Widersacher, denn vor der Auflösung steht noch immer...

Das letzte Hindernis: Natürlich wäre der dritte Akt recht langweilig, wenn es hier nur um den letzten Plan und die Ausführung ginge, deshalb gibt es fast immer eine letzte Wendung, die im Gegensatz zum Wendepunkt jedoch nicht mehr zu überraschend sein sollte. Der Seitenwechsel eines Charakters etwa käme hier zu spät, sofern er nicht im Voraus klar angedeutet wäre. (Das alte Klischee etwa von dem nicht ganz so fiesen Handlanger des Bösen, der sich im letzten Moment auf die Seite des Helden schlägt, kennen Sie sicher.)

Das Hindernis muss aber nicht zwangsläufig externer Natur sein, es kann auch nur den Protagonisten an sich betreffen; ein im ersten Akt etabliertes Problem, das er noch nicht vollkommen überwunden hat, kann sich hier wieder auftun.

Doch mit seiner inzwischen gewonnenen Stärke gelingt es dem Helden, es zu besiegen, was seine Veränderung noch einmal deutlich macht und vielleicht sogar abschließt.

8. Sequenz: Auflösung

Wie der Name schon sagt und wie Ihnen vermutlich ohnehin klar ist, endet jede Geschichte mit einer logischen und stimmigen Auflösung, die zu einem gewissen Grade durchaus den Erwartungen der Leser oder Zuschauer entsprechen sollte.

Wie Sie zu dieser Auflösung gelangen und wie genau sich die Auflösung abspielt, bleibt natürlich Ihnen als Autor überlassen, zugleich sollten Sie dabei jedoch unbedingt auch das Leserversprechen beachten: Wenn Sie zu Beginn der Story eine Frage aufgeworfen haben, dann sollte diese spätestens in der letzten Sequenz beantwortet werden. Wenn Probleme und Konflikte etabliert wurden, muss spätestens hier eine klare und sinnvolle Lösung für sie präsentiert werden.

Und wenn Sie sich anfangs die Mühe gemacht haben, einen guten Gag aufzubauen, sollte der spätestens hier seinen Payoff erhalten. Leser verzeihen vieles, zum Teil sogar gravierende Logiklücken, doch das Versprechen und die offenen Fragen vergessen sie selten: Sie haben Stunden in Ihr Werk investiert und sich damit die erhoffte Belohnung mehr als verdient!

Natürlich muss es nicht immer ein Happy End sein. Es gibt tragische Enden und offene Enden, die sich allerdings überwiegend weniger Beliebtheit erfreuen als ein hoffnungsvolles oder zumindest klares Ende. Ein Happy End mag auf Sie als Autor oft langweilig und mitunter unpassend wirken – und wenn Sie das sinnvoll begründen können, die Möglichkeit eines pessimistischen oder gar niederschmetternden Endes im Laufe der Geschichte schon angedeutet und auch im Tonfall etabliert haben, dann ist es Ihr gutes Recht, ein solches Ende zu wählen.

Aber es muss passen! Insbesondere Komödien – schwarze Komödien ausgenommen – können es sich so gut wie nie leisten, kein Happy End zu erzählen, weil sich der Tonfall des Endes schlichtweg mit dem der Geschichte beißen würde und der Leser oder Zuschauer sich fragen würde: Was um alles in der Welt sollte das?

Ähnliches gilt für Liebesfilme und Thriller: Es muss kein perfektes Ende geben, das potentielle Paar muss nicht immer zusammenfinden und nicht jede sympathische Nebenfigur muss überleben, aber ein nicht etabliertes, pessimistisches Ende, das sogar die Chance auf ein glücklicheres Leben der Hauptfiguren verneint oder den Helden sein Ziel verfehlen lässt, stößt die meisten Leser und Zuschauer vor den Kopf – auch wenn es natürlich Ausnahmen gibt. Etwas mehr Spielraum bietet sich bei Dramen, Tragödien sowie Satiren.

Während pessimistische Enden zwar nicht beliebt sein mögen, aber durchaus ihre Berechtigung haben können, ist von offenen Enden in nahezu allen Fällen abzuraten. Und um das zu verstehen, bedarf es nicht einmal viel Erklärung, Sie müssen sich lediglich selbst in die Rolle des Lesers versetzen, vermutlich haben Sie selbst es sogar schon hin und wieder erlebt: Sie lesen ein spannendes Buch, haben dabei unzählige Fragen im Kopf – und dann endet auf einmal die Geschichte abrupt, ohne die wichtigsten Fragen klar und eindeutig beantwortet zu haben. Frust beim Leser ist nahezu garantiert.

Das bedeutet nicht, dass Sie jede Frage sofort beantworten müssen; gerade, wenn Sie Romanreihen oder eine TV-Serie schreiben, können ein paar charakterbezogene Fragen durchaus über das Ende hinaus offen bleiben. Aber die wichtigsten Fragen, die sich auf diese konkrete Geschichte beziehen, die mit der letzten Seite des Buchs oder Drehbuchs abgeschlossen ist, müssen auf jeden Fall beantwortet werden. Oder so klar angedeutet sein, dass jeder versteht, wie es gemeint ist.

Die ganz wenigen funktionierenden Ausnahmen dieser Regel haben sich das Recht auf ein offenes Ende über den Verlauf ihrer Geschichte hinweg erarbeitet: „Inception“ etwa spielt gut zwei Stunden lang mit den Grenzen der Realität, weshalb die kleine Andeutung am Ende nicht deplatziert wirkt. Die Hauptgeschichte ist zuvor jedoch komplett und klar abgeschlossen.

Der Epilog: Die meisten Bücher und Filme enden nicht mit der Auflösung, auch wenn die Geschichte damit im Grunde auserzählt ist, sondern hängen häufig noch einen Epilog an.

Das ist in erster Linie ein Zugeständnis an Leser und Zuschauer, die wissen wollen, wie es mit den häufig und hoffentlich liebgewonnenen Figuren nach ihrem großen Abenteuer weitergeht. Wie verhält sich der Protagonist in seinem neuen

Job, bleiben er und sein Love Interest ein Paar und, wenn ja, gestaltet sich ihr Leben in Zukunft langweilig oder bleibt es so aufregend, wie wir es uns oft insgeheim erhoffen?

Der Epilog kann dabei fast unmittelbar an die Auflösung anknüpfen, häufig wird jedoch auch ein Abstand von ein paar Wochen oder gar Monaten gewählt, um eine gewisse Distanz zum Abenteuer herzustellen und die Figuren sich in ihre neue / alte Welt einleben zu lassen.

Ein Epilog ist kein Muss und sollte grundsätzlich kurz gehalten werden, kann als zusätzliche Belohnung für den Leser aber ein galantes Mittel sein – auch dann, wenn in der Auflösung die Beantwortung der ein oder anderen Frage einen Tick zu kurz kommt.

Die Länge der Sequenzen

Jede der acht Sequenzen macht bei Filmen, grob gesagt, tatsächlich etwa ein Achtel der Geschichte aus, was aber beileibe keine in Stein gemeißelte Regel ist – Sie sollten sich nie vor Ihre Geschichte setzen und Seiten zählen, ob die einzelnen Sequenzen auch exakt gleich viel Platz einnehmen. (Auch wenn es durchaus Lektoren und Produzenten geben soll, die ein Drehbuch in den Papierkorb werfen, wenn nicht auf Seite 25 spätestens der Sprung in den zweiten Akt erfolgt.)

Mal ist der erste Akt ein bisschen länger, mal kommt der Wendepunkt erst deutlich nach der Mitte, mal nimmt die Auflösung sogar ein gutes Drittel der Geschichte ein; so lange die grundlegende Struktur erhalten bleibt und das Pacing stimmt, ist dagegen nichts einzuwenden.

Bei Romanen hingegen gelten etwas weniger klare Regeln. Die grundsätzliche Struktur und Dramaturgie, die Heldenreise sowie Plot- und Wendepunkte, finden sich auch in den meisten Büchern wieder, als Autor können Sie sich aber in vielerlei Hinsicht – wie beispielsweise dem Erzähltempo – wesentlich mehr Freiheiten nehmen.

Konflikte, Hindernisse, Leiden = Drama!

Nach diesem kleinen Ausflug in die Theorie – auch wenn es durchaus praktisch anwendbare Theorie ist – kommen wir nun wieder zurück zur Praxis. Wie wir zuvor schon gelernt haben, benötigt es für die Entwicklung eines Protagonisten sowie für eine dramatische Geschichte in erster Linie starke Konflikte und Hindernisse, die den Helden leiden lassen, ihn zur Verzweiflung treiben und ihn schließlich trotzdem einen Weg hinaus finden lassen.

Viele dieser Konflikte entstehen bereits beim Erschaffen der Figuren, des Helden sowie seiner Gegenspieler, denn sobald Protagonist und Antagonist unterschiedliche Ziele verfolgen, tun sich automatisch Konflikte auf. Hindernisse ergeben sich ebenso nahezu von alleine, zum einen im Alltag des Protagonisten, der sich gegen seine Veränderung wehrt (oder schon früher ein Hindernis darstellte, das er aber nie versucht hat, zu bewältigen), zum anderen durch das Handeln des Antagonisten, der sich natürlich genauso wie der Protagonist fast immer aktiv verhält und versucht, dem Gegenspieler Steine in den Weg zu legen und sein eigenes Ziel zu erreichen.

All das ist logisch und nachvollziehbar: Wenn Sie Ziel und Gegenziel klar definieren, sich fragen, wer was tun muss, um dieses Ziel zu erreichen, dann kommen Ihnen – einen entsprechend hohen Grundkonflikt vorausgesetzt – fast automatisch unzählige Möglichkeiten in den Sinn.

Schwieriger gestaltet sich das Aufbauen von Druck, das Leidenlassen des Protagonisten: Autoren tun sich häufig schwer damit, ihren Helden, mit dem sie in den meisten Fällen natürlich sympathisieren, so richtig leiden und am Boden liegen zu sehen. Er soll doch stark sein, er soll doch ein Held sein, darf er da wirklich leiden? Doch wie wir schon zuvor festgestellt haben: Ein Held ist nur so stark wie die Hindernisse, die er aus dem Weg räumt, nur so stark wie der Druck, der auf ihm lastet – und nur unter eben jenem Druck offenbart er seinen wahren Charakter.

Die Frage, die Sie sich bei der Entwicklung des Plots immer wieder stellen sollten, lautet daher nicht: „Was könnte hier für den Helden Ungünstiges passieren?“, sondern: „Was ist das Schlimmste, was ihm passieren könnte, und was wäre der ungünstigste Zeitpunkt dafür?“ Und dann setzen Sie die Antwort auf diese Frage in die Tat um!

Nehmen wir ein klassisches Beispiel, das Sie vermutlich aus ein paar hundert verschiedenen Krimis und Thrillern – egal ob als Roman oder Film – bereits kennen: Sie wissen, dass der Bösewicht im Laufe der Geschichte irgendwo eine Bombe versteckt und damit droht, diese hochgehen zu lassen, was der Held natürlich zu verhindern gedenkt.

Eine recht gewöhnliche Situation – wie also lässt sie sich etwas interessanter gestalten, um mehr Druck auf den Helden auszuüben? Nun, zunächst einmal mit der Wahl von Ort und Zeitpunkt: Die Bombe liegt nicht irgendwo, sondern am letzten Samstag vor Weihnachten in der belebtesten Fußgängerzone einer Innenstadt. Die Zahl der potentiellen Opfer ist riesig, das Durchkommen für den Protagonisten schwer. Vielleicht weiß er weder, wo genau die Bombe versteckt ist, noch wie sie aussieht, wonach er also genau suchen muss. Vielleicht schneit es noch dazu und es herrscht ein Verkehrschaos.

Vielleicht sind es nicht nur „wahllose“ Menschen, die sich in der Stadt aufhalten, sondern auch seine Familie, die er per Handy nicht erreichen kann, weil sie es in all dem Trubel nicht hört. Vielleicht macht er bei seiner hektischen Suche auf sich aufmerksam und lenkt das Augenmerk der Polizei auf sich. Vielleicht entdeckt er die Bombe, wähnt sich am Ziel – und bemerkt dann, dass er einen falschen Spur und einer Attrappe aufgesessen ist. Vielleicht wird er just in diesem Moment mit der Attrappe von der Polizei erwischt und es gibt niemanden, der seine Aussage unterstützen könnte, weil außer den Tätern nur er von der Bombe weiß.

Vielleicht hat er auch ein körperliches Problem, vielleicht leidet er unter Klaustrophobie und das Menschengedränge ist das Schlimmste, was er sich nur vorstellen kann. Zumal er mit Weihnachten ohnehin ein schweres Kindheitstrauma verbindet. Vielleicht trifft er zum unglücklichsten Moment jemanden wieder, mit dem er sich im vorherigen Verlauf der Geschichte bereits angelegt hat.

Vielleicht lastet nicht nur die Schicksal hunderter Menschenleben inklusive dem seiner Familie auf ihm, sondern es ist auch beruflich seine einzige Chance, sich zu beweisen. Vielleicht war er es, der den Bösewicht zuvor hat entkommen lassen, was ihm zusätzlich die moralische Schuld an etwaigen Todesopfern geben würde. Vielleicht steht mit dem Beruf auch seine finanzielle Zukunft und damit im Grunde sein ganzes Leben auf dem Spiel. Und vielleicht darf er bei seiner Suche nach der Nadel im Heuhaufen nicht entdeckt werden, weil sonst einer der Täter die Bombe vorzeitig zünden könnte.

Nicht alle diese Ideen sind sinnvoll, viele sind – wie schon gesagt – recht klischeebeladen, aber es gibt keine schlechten Ideen, nur solche, die Sie aussortieren sollten. Wichtig ist allein, sich immer die Frage zu stellen, wie eine schon recht brenzlige Situation vor allem auf einer persönlichen Ebene noch brisanter für den Protagonisten werden, ihn noch mehr anstacheln, aber auch noch mehr leiden lassen könnte.

Was wäre, wenn die Bombe tatsächlich hochgeht und er glaubt, dass seine Familie zu den Opfern zählt? Wenn er bei der Explosion selbst verletzt wird? Oder wenn er, sagen wir, die Polizei von seinem Wissen überzeugen kann und sie dann aufgrund eines Irrtums bzw. aufgrund des Verwirrspiels des Antagonisten in die falsche Ecke führt, während die Bombe am anderen Ende der Stadt hochgeht?

Nicht jedes dieser Gedankenspiele mag passend sein, das ein oder andere zu aufgesetzt wirken und vor allem in dieser Menge übertrieben. Aber wenn Sie den Druck auf den Helden in einer Situation mit diesen Fragen und Überlegungen um zwei, drei Stufen erhöhen können, dann sollten Sie es fast immer tun!

Wir halten fest: Gewöhnliche Situationen lassen sich mit der Frage nach dem größtmöglichen Problem zur schlechtesten nur denkbaren Zeit interessanter gestalten und schärfen zugleich das Bild des Helden, der unter dem auf ihm lastenden Druck und Rückschlägen leiden muss, am Ende aber trotzdem obsiegt.

Übung: Führen Sie selbst ein solches Gedankenspiel anhand einer weiteren klassischen Situation durch: Ihr Held will seiner großen Liebe endlich einen Heiratsantrag machen! Was ist das Schlimmste, was ihm dabei passieren könnte? Überlegen Sie dabei auch, wie Sie die äußeren Umstände spannender und druckvoller gestalten könnten: Wo versucht er sein Glück und wer ist alles da? Streamt er den Antrag live im Internet und es schauen ihm womöglich gar tausende zu?

Das Bekannte und das Fremde mischen

Es zieht sich wie ein roter Faden durch dieses Buch, egal ob in Hinblick auf die Prämisse, das Setting oder die Charaktere, und natürlich gilt diese goldene Regel auch für den Plot: Mischen Sie das Bekannte mit dem Unbekannten, dem Fremden, dem Überraschenden!

Verwenden Sie bekannte Plotelemente, manch einer mag sie auch Klischees nennen, und stellen Sie sie mit einer überraschenden Wendung auf den Kopf! Greifen Sie eine vertraute Situation auf und verpassen Sie ihr einen neuen Twist! Geben Sie dem Leser das Gefühl, zu wissen, was als nächstes passieren wird, und zeigen Sie ihm dann, dass in Ihrer Geschichte nicht alles nach seinen Erwartungen abläuft, ohne dabei allzu unlogisch zu sein. Tatsächlich sind es übrigens viele bekannte Situationen und Klischees, die in Wirklichkeit unlogisch sind – denken Sie nur an das gute, alte, schon erwähnte Krabbeln durch Lüftungsschächte…

Ein Beispiel: Sie kennen sicher die Szene, in welcher eine Figur einem Widersacher eine Pistole an den Kopf hält und Informationen verlangt. Nicht selten fällt dann nach einer Weile ein Satz wie: „Ich sag nichts mehr. Wenn Sie mich erschießen wollten, hätten Sie das schon längst getan.“ Und, schwupps, ist die Figur entlarvt und senkt ihre Pistole. Immer. Doch was wäre, wenn sie in Ihrer Geschichte nun „Gutes Argument!“ erwidern und dann tatsächlich abdrücken würde? Wäre das nicht ein relativ überraschender, starker Moment, der viel über diese Figur aussagt? Und der im Leser zugleich den Eindruck erweckt, dass diese Geschichte etwas Außergewöhnliches ist, der Autor nicht mit Klischees arbeitet, sondern weiß, was er tut? Und der damit unbedingt weiterlesen möchte?

Um das Bekannte mit dem Unbekannten zu vermischen, hilft es, sich ähnliche Fragen zu stellen wie im vorigen Kapitel: Was muss als nächstes im Laufe der Geschichte passieren? Welches Hindernis steht dem Protagonisten gerade extern im Weg und mit welchem Problem kämpft er intern? Wie räumt er dieses Hindernis aus dem Weg und welchen Schritt macht er, um sein inneres Problem zu besiegen?

Die Antworten, die Ihnen auf diese Fragen kommen, sind fast immer die naheliegenden, schließlich liegt es in unserer menschlichen Natur, so wenig Energie wie nur möglich zu verbrauchen, also auch das Gehirn nicht mehr anzustrengen als unbedingt notwendig. Doch das bedeutet zugleich, dass die ersten Antworten, die Ihnen einfallen, entweder langweilig sind oder aber typischen Klischees entspringen.

Der einzige wirkliche „Trick“ ist daher, sich nie mit der ersten oder zweiten Antwort zufriedenzugeben, sondern fünf, sechs weitere zu suchen, die dann automatisch etwas weiter hergeholt, aber häufig spannender, lustiger und vor allem überraschender sind.

Wie auch schon bei Setting und Charakteren gilt es dabei jedoch, einen guten Mittelweg aus Vertrautem und Neuem zu finden: Ein Leser oder Zuschauer, der hunderte Bücher gelesen und tausende Filme gesehen hat, hat eine äußerst klare Erwartungshaltung, wie genau sich der Plot entwickeln wird und insbesondere auch wie sich der Protagonist in einer bestimmten Situation verhalten sollte. Tut er das nicht, benötigt der Leser oder Zuschauer eine Erklärung, warum sich diese Figur nicht so verhält: Liegt es in ihrem Charakter? Oder ist die andere Lösung schlichtweg besser? Wann immer die Frage aufkommt: „Warum, bitte schön, macht er das denn?“, sind Sie auf dem besten Wege, den Leser zu verlieren.

Ein Plot, der auf den Autor innovativ und überraschend wirken mag, kann von vielen Lesern und Zuschauern als verwirrend empfunden werden, wenn sie überhaupt keine für sie vertrauten Elemente wiederfinden. Das Bekannte auch zu erhalten, muss daher immer oberstes Gebot sein!

Was offenbart Charakter?

Der Plot wird häufig missverstanden, denn im Grunde ist der Plot eben nicht „die Geschichte“, kein Selbstzweck, sondern ein Mittel, um den Protagonisten von Punkt A nach Punkt B zu bekommen, ihn eine Entwicklung durchmachen zu lassen. Ihn immer wieder auf die Probe zu stellen, ihm Hindernisse vor die Füße zu werfen, ihn leiden, aber auch wachsen zu sehen.

Viele moderne Geschichten, insbesondere auch die großen Kinoblockbuster und Krimis – sowohl als Roman als auch im Fernsehen –, vernachlässigen diesen Aspekt leider etwas bis vollkommen und stellen den Plot an sich als das wichtigste Merkmal der Geschichte dar. Dann geht es jedoch nicht mehr vorrangig um den Protagonisten, was nicht selten ein Zugeständnis ist, dass der Held und seine Entwicklung, sofern sie denn überhaupt stattfindet, nicht interessant genug sind, um Leser oder Zuschauer bei Laune zu halten.

Wir wollen hier den Plot jedoch als Funktion betrachten, den Protagonisten eine Veränderung durchleben zu lassen, denn die Geschichte eines Menschen und seiner Veränderung ist für uns immer interessanter als das reine Abarbeiten der Handlung. Dabei stellt sich jedoch die Frage: Wie wirkt sich der Plot auf eine Figur aus, wie zeigt man Charakter und was genau offenbart Charakter? Die Antwort darauf lautet:

Der wahre Charakter einer Figur zeigt sich dadurch, was Sie unter Druck tut!

Taten zählen mehr als Worte. Die Devise „Show, don't tell!" haben wir bereits kennengelernt und nirgendwo trifft sie mehr zu als beim Charakter einer Figur, der durch den Plot enthüllt wird. Ein Mensch kann noch so große Reden schwingen, souverän und mutig im Umgang mit anderen wirken: Wenn er selbst unter Druck gerät und nicht nur sein Leben, sondern auch das anderer Menschen in Gefahr gerät, zeigt sich sein wahres Ich: Ist er wirklich so mutig und selbstlos wie er stets behauptet hat? Oder stellt er sich vielleicht als feige und egoistisch heraus?

Das ist der Hauptgrund, warum es den Plot gibt und warum es seine Aufgabe ist, den Protagonisten möglichst stark und möglichst oft leiden zu lassen: In eben solchen Situationen zeigt sich sein Charakter und auch nur solch schwerwiegende Situationen ermöglichen es, seinen Charakter eine Veränderung durchleben zu lassen.

Es ist einer der Gründe, warum Figuren häufig in ihrem Alltag eingeführt werden, in dem sie sich vielleicht nicht immer wohl, aber doch vertraut fühlen, um dann in eine ihnen vollkommen fremde Welt geschickt zu werden: Es ist diese Welt, die Fremde, die Unsicherheit und der mit der Fallhöhe verbundene Druck, der uns zeigt, wer sie wirklich sind. Was und wer ihnen wirklich wichtig ist, was ihnen im Leben etwas bedeutet. Wo ihre Stärken und Schwächen liegen und ob sie bereit sind, etwas an ihnen zu ändern.

Der vielleicht schlimmste Fehler, den man als Autor machen kann, ist es, seine Figuren nie in eben solche, möglichst starke Drucksituationen zu schicken und sie nie vor schwerwiegende Entscheidungen zu stellen, die etwas über sie aussagen. Es muss dabei nicht das eigene Leben sein, das auf dem Spiel steht, aber zumindest das Verhalten, wenn der metaphorische Tod der eigenen oder einer anderen Person droht, muss im Laufe der Geschichte getestet werden.

Nehmen wir an, der Chef des Protagonisten vermutet einen Maulwurf in den eigenen Reihen und droht dem Protagonisten mit der Kündigung, wenn er nicht verrät, um wen es sich dabei handelt. Was macht der Protagonist? Sagt er die Wahrheit? Verrät er den Maulwurf? Nennt er einen Kollegen, den er nie leiden konnte? Oder riskiert er seinen eigenen Job, um niemanden zu verpetztten?

Die gleiche Situation kann sich natürlich auch in einer noch brenzligeren Kulisse abspielen, wenn es nicht um einen Chef, sondern etwa um Gangster und V-Männer oder um Geheimdienste und Spione geht – und dann der tatsächliche Tod, nicht nur der metaphorische, der Einsatz ist.

Wir halten fest: Das „wahre Ich“ eines jeden Menschen und einer jeden Figur offenbart sich erst unter Druck, wenn das eigene oder ein fremdes Leben auf dem Spiel steht. Bringen Sie

Ihren Protagonisten in eben solche Situationen, um den Charakter nicht zu beschreiben, sondern ihn klar zu zeigen und dem Leser zu enthüllen.

„Show don't tell!" ist auch so wichtig, weil jeder Leser sich freut, wenn er selbst eins und eins zusammenzählt, Neues über einen Charakter oder den Plot herausfindet. Jeder Mensch fühlt sich clever, wenn er etwas versteht, das nicht explizit gesagt wird – und als Leser oder Zuschauer sind wir dem Autor dankbar, wenn er uns etwas mitteilt, ohne es direkt auszusprechen.

Beliebte Plotelemente

Es gibt nur erstaunlich wenige Elemente, die einen Plot vorantreiben – so wenige, dass die immer gleichen in nahezu jeder Geschichte dieser Welt auftauchen. Das macht sie jedoch noch nicht zwangsläufig zu Klischees, da es die Art und Weise ist, wie diese Elemente verwendet werden, um Spannung, Drama oder lustige Momente zu erschaffen.

Die fünf wichtigsten und deshalb zugleich am häufigsten gebrauchten Plotelemente werden wir im Folgenden kurz vorstellen und unter die Lupe nehmen – und zumindest drei dieser Elemente werden Sie vermutlich auch in jeder eigenen Geschichte brauchen können. Beginnen wir mit:

Die tickende Zeitbombe

Sie taucht in fast jeder Story auf, egal ob Thriller, Krimi oder Komödie, häufig gibt es sogar nicht nur eine, sondern mehrere Zeitbomben. Die „Zeitbombe" ist dabei natürlich nicht immer wörtlich zu verstehen; der etwas weniger martialische Begriff wäre der eines klaren Zeitlimits, das im Laufe der Geschichte eingeführt wird: Sie haben nur 48 Stunden, um diesen Fall zu lösen! In zwei Wochen verlässt die große Liebe das Land! Das Lösegeld muss in zwei Tagen bezahlt werden! Die Bombe geht am Sonntag um elf Uhr hoch! Morgen Abend wird jemand aus der Firma gefeuert!

Jedes Zeitlimit ist nichts anderes als eine im Hintergrund tickende Zeitbombe, die zwei wichtige Effekte nach sich zieht: Zum einen setzt sie den Protagonisten natürlich unter Druck, sie fordert ihn dazu auf, möglichst schnell etwas zu tun, und es erhöht die Fallhöhe, wenn ihm bewusst ist, dass sich dieses Limit nicht mehr verschieben lässt. Zum anderen gibt es einer Geschichte einen klaren Rahmen, also etwas, worauf der Leser hinfiebern kann. Eine Story, die nach hinten heraus vollkommen offen ist, kann sich oft vage und langsam anfühlen.

Zeitbomben werden sehr gerne als Plot- und Wendepunkte eingesetzt, häufig auch mit einer Manipulation der noch zur Verfügung stehenden Zeit einhergehend: Wenn der Protagonist zu Beginn der Geschichte annimmt, dass ihm zwei Wochen zur Verfügung stehen, kommt mit dem Wendepunkt häufig die Erkenntnis, dass die Bombe schon in 24 Stunden hochgehen soll.

Ein Film, der das Spiel mit den tickenden Zeitbomben perfektioniert hat, ist „Buried" von Rodrigo Cortés, in dem der Held den ganzen Film über in einen vergrabenen Sarg eingeschlossen ist. Die Zeitbomben schreiben sich dabei fast von selbst: Der Sauerstoff geht nach und nach zur Neige, der Handyakku gibt den Geist auf, auch Licht hat er nicht unbegrenzt (zumal die Flamme eines Feuerzeugs zusätzlich Sauerstoff verbraucht) und so weiter. Der Druck, der dadurch von mehreren Seiten auf dem Helden lastet, ist nahezu unmenschlich.

Wenn es Ihrer Geschichte an Spannung oder einem klaren Zielpunkt mangelt, dann kann ein Zeitlimit fast immer Abhilfe schaffen – und wirkt in den meisten Fällen durchaus organisch, nicht wie ein Klischee.

Die Pistole im ersten Akt

Eine alte Regel besagt: Wenn eine Pistole im ersten Akt eines Films gezeigt wird, muss sie spätestens im dritten Akt abgefeuert werden – weil der Zuschauer es erwartet und der Autor mit dem Zeigen der Pistole in gewisser Weise ein Versprechen an den Zuschauer abgibt: Was Sie hier sehen, wird später noch eine Bedeutung haben. Und der Zuschauer fiebert dem entgegen, hat er doch stets im Hinterkopf, dass eben jene Pistole noch eine Rolle spielen wird.

Natürlich gilt das nicht nur für Filme, sondern auch für Romane und die Pistole ist wiederum nur als ein Beispiel zu verstehen, denn auch wenn wir hier oft vom Tod reden, kann eben jener weiterhin rein metaphorisch gemeint sein – und somit lässt sich auch die Pistole durch eine metaphorische Bedrohung ersetzen.

In romantischen Komödien beispielsweise ist die „Pistole" nicht selten eine Wette: Der männliche Protagonist wettet, dass er jede Frau rumkriegen kann und sucht sich dafür den weiblichen Love Interest als Versuchskaninchen aus. Natürlich verändert er sich im Laufe der Geschichte, er verliebt sich wirklich in sie und würde später nie mehr eine solche Wette eingehen – doch weil sie im ersten Akt etabliert wurde, braucht es einen Pay-Off für den Zuschauer, der Zugleich die Komplikation am Ende des zweiten Akts darstellt: Die nun große Liebe erfährt von dieser Wette und ist wahnsinnig enttäuscht, zweifelt an den wahren Motiven des Protagonisten und so weiter – Sie kennen das Muster sicher.

In vielen anderen Filmen und Romane ist es weder eine Pistole noch eine Wette, sondern schlichtweg ein großes Geheimnis, das der Protagonist mit sich herumträgt und das wir als Zuschauer und Leser kennen, möglicherweise auch der Antagonist, andere Figuren im Umfeld des Protagonisten jedoch nicht.

Was genau das Geheimnis ist, hängt von Ihrer Geschichte ab. Grundsätzlich kann es aber zum Beispiel eine falsche Identität sein oder eine Lüge über die eigene Vergangenheit. Vielleicht nimmt der Held einen Job an, für den er eigentlich nicht qualifiziert wäre, er gibt sich anfangs als jemand aus, der er nicht wirklich ist, und profitiert davon im Laufe der Story – zum Beispiel.

Wichtig ist, dass das Geheimnis im Hintergrund schwelt, immer wieder ans Licht zu kommen droht und es am Ende tatsächlich tut. Hierbei lässt sich auch von Foreshadowing Gebrauch machen, das dem Leser bzw. Zuschauer das Geheimnis oder dessen Enthüllung andeutet und ihn darauf hinfiebern lässt. Die Entwicklung des Helden mag einen noch so positiven Verlauf nehmen, die Taten der Vergangenheit hängen immer über ihm und werden eines Tages ans Licht kommen – und was dann passiert, wie er sich verhält, darauf sind wir wahnsinnig gespannt.

Der MacGuffin

Das dem Namen nach bekannteste Plotelement ist der von Alfred Hitchcock etablierte MacGuffin, bei dem es sich um einen im Grunde belanglosen Gegenstand handelt, dem Protagonist und Antagonist im Laufe der Story nachjagen, ohne dass der Gegenstand an sich in irgendeiner Form relevant wäre.

Sobald gezeigt wurde, dass der MacGuffin für beide Seiten von enormer Bedeutung ist, kann er allein die Geschichte vorantreiben, indem Protagonist und Antagonist ihn immer wieder beinahe in die Hände bekommen, er den Besitzer wechselt, es zu Verwechslungen und Missverständnissen über den Besitzer kommt. Klassische Beispiele für den MacGuffin sind die Bundeslade in „Jäger des Verlorenen Schatzes“, die Koffer in „Ronin“ oder die Visa-Papiere in „Casablanca“.

Der Koffer in „Ronin“ ist vielleicht sogar das beste Beispiel, da hierbei der Zuschauer nicht einmal erfährt, was sich überhaupt in selbigem befindet! Zwar jagen die Figuren den ganzen Film über dem Koffer nach, versuchen alles, um ihn an sich zu reißen, und beschützen ihn wie ein Baby, wenn sie ihn haben, aber der Inhalt ist vollkommen irrelevant und der Film macht sich zum Schluss nicht mal die Mühe, dem Zuschauer eine Erklärung zu liefern, die vermutlich ohnehin nur enttäuschen könnte.

Gleichwohl ist es nicht verkehrt, dem MacGuffin einen leicht mystischen Hauch zu verleihen, da sich so seine große Faszination für die Figuren erklärt und der Zuschauer oder Leser ein etwas größeres Interesse und Verständnis dafür zeigen kann, dass er so begehrt ist.

MacGuffins tauchen in im Grunde allen Genres auf, am häufigsten sind sie jedoch in Thrillern und Abenteuern vorzufinden – in Form von Schätzen, teils mit magischem Charakter, besonderen Waffen oder geheimen Informationen wie Codes.

Die Bombe unter dem Tisch

Spannung im etwas kleineren Rahmen lässt sich mit der Bombe unter dem Tisch erzeugen. Sie kennen auch diese Szene zweifellos: Zwei Figuren tauschen in einem Raum Informationen aus, die der Zuschauer oder Leser erhalten muss, und lassen sich dabei unendlich viel Zeit.

Eine im Grunde langweilige Szene, die nur zum Zwecke der Exposition existiert, jedoch mit einem simplen Mittel viel spannender gestaltet werden kann: mit eben jener Bombe unter dem Tisch. Wenn wir während des Gesprächs sehen, dass sich tatsächlich in diesem Raum eine Bombe befindet, die in 60 Sekunden hochgeht, bekommt die Szene plötzlich eine ganz andere Dynamik, aus der langweiligen, aber oft notwendigen Exposition wird eine spannende Situation, in der wir um das Wohlergehen unserer Figuren fiebern.

Natürlich ist auch die Bombe unter dem Tisch metaphorisch zu verstehen, als eine Form der dramatischen Ironie: Der Zuschauer weiß etwas, das der Protagonist nicht weiß und das ihm womöglich gleich um die Ohren fliegen wird, wenn auch nicht zwangsläufig im wörtlichen Sinne.

Ebenso gut kann die „Bombe unter dem Tisch" das bevorstehende Auffliegen einer Lüge des Helden sein, während er sich gerade immer tiefer in diese Lüge hineinreitet. Oder die Freundin, die die Treppe hinaufkommt, während er in der Wohnung mit seiner Geliebten im Bett liegt und sich viel Zeit lässt, obwohl sie längst gehen wollte.

Der Zuschauer oder Leser weiß dann bereits, was ihn in Kürze erwartet und freut sich darauf beziehungsweise fiebert dem entgegen, was vermeintlich belanglosen Situationen zusätzliche Spannung verleiht. Neben Thrillern sind es daher tatsächlich auch in erster Linie Komödien, die sich der dramatischen Ironie häufig bedienen.

Das Messer in der Hand

Mit in die Kategorien Subtext sowie Foreshadowing spielt das „Messer in der Hand“ hinein: Stellen wir uns erneut ein recht harmloses Gespräch vor, zwischen dem Antagonisten und einem Handlanger. Der Handlanger hat einen Fehler gemacht, den Helden entkommen lassen und muss sich nun gegenüber dem Antagonisten dafür rechtfertigen.

Wenn sich das auf einer öffentlichen Straße abspielt, ist die Szene vermutlich recht gradlinig und spannungsarm, doch was wäre, wenn sich die beiden im Haus des Antagonisten befänden, genauer gesagt in dessen Küche? Und wenn eben jener Antagonist gerade ein großes Messer in der Hand hielte, um Fleisch zu schneiden?

Wäre es immer noch eine spannungsarme Szene? Oder würde der Leser oder Zuschauer das Messer als eine potentielle Bedrohung wahrnehmen, der Handlanger seine Worte weitaus vorsichtiger wählen, vielleicht um sein Leben bangen und selbst nach einer Waffe suchen?

Auch das „Messer in der Hand“ kann natürlich in anderer Form eingesetzt werden – beispielsweise, wenn der Chef einen Angestellten nach dem anderen in sein Büro ruft und dann im Gespräch mit einem Entlassungsschreiben herumspielt.

Es ist ein einfaches Mittel, um einzelne, kleine Szenen spannender zu gestalten und den Leser oder Zuschauer etwas mehr in diese Szenen sowie die darin auftretenden Figuren hineinlesen zu lassen.

Wir halten fest: Um Spannung oder Comedy zu erzeugen, bedarf es starker Figuren mit klaren Zielen und Konflikten, doch auch immer wiederkehrende Plotelemente wie der Mac-

Guffin, die tickende Zeitbombe oder dramatische Ironie können aufgegriffen werden, um die Spannung sowohl im Großen als auch in kleinen Szenen zu erhöhen. Zugleich sprechen sie oft indirekt den Leser oder Zuschauer an und lassen ihn seine eigenen Schlüsse ziehen.

Überraschungen, Twists und Mindfucks

Eine Weile schien es so, als müsse jeder Film und jeder Roman eine unglaubliche Überraschung enthalten – und ein Autor wie M. Night Shyamalan hat seine halbe Karriere auf solchen Twists und „Mindfucks" aufgebaut, was bis zu einem gewissen Punkt tatsächlich sehr gut funktionierte. Bis eines Tages auch der letzte Zuschauer verstanden hatte, was von Shyamalans Filmen zu erwarten war, und jeder ab der ersten Minute nach dem potentiellen Twist suchte, um ihn dann tatsächlich zu finden oder aber von der wirklichen Offenbarung am Ende enttäuscht zu sein. Und wenn die Überraschung bereits erwartet wird, ist sie keine Überraschung mehr.

Dennoch lieben viele Autoren bis heute den großen Twist, schließlich gibt es doch nichts Schöneres als den Leser zu überraschen und plötzlich mit einem Mal die komplette Welt in der Geschichte auf den Kopf zu stellen – oder? Die Antwort auf diese Frage lautet ganz klar „jein", denn ob ein großer Twist funktioniert, hängt zunächst einmal von zwei Faktoren ab: Ergibt er Sinn und ist er etabliert?

Dass ein Twist logisch sein muss, sollte offensichtlich sein, und doch gibt es unzählige Romane, Filme und vor allem auch TV-Serien (denken Sie an „24"!), die sich kaum um Logik scheren und Überraschungen nur zum Zwecke der Überraschung einsetzen, ohne sie zu durchdenken. Die Figur, die eben den Protagonisten im Kampf gegen den Antagonisten unterstützt hat, steht dann urplötzlich auf der Seite des Gegners, obwohl es nicht im Geringsten ihrem vorherigen Verhalten entspricht.

Im Fernsehen mag das nicht immer auffallen, schließlich ist das Erzähltempo hoch und die Ausstrahlung im Wochentakt sorgt dafür, dass der Zuschauer viele Details zwischendurch vergisst. Bei Romanen und Filmen jedoch, die weitgehend am Stück konsumiert werden, ist die innere Logik eines Twists von enormer Bedeutung. Ergibt die große Wendung keinen Sinn, kann das die ganze Geschichte unglaubwürdig machen.

Zugleich muss ein Twist jedoch auch zu einem gewissen Grade etabliert sein, was nichts anderes bedeutet als: Der aufmerksamste Leser oder Zuschauer sollte ihn erahnen können.

Das hört sich zunächst widersprüchlich an, schließlich ist es keine Überraschung mehr, wenn sie bereits im Voraus verraten wird. Tatsächlich sollten Sie dem Leser oder Zuschauer jedoch kleine, versteckte Andeutungen mit an die Hand geben, die ihn zwar nicht zwangsläufig den großen Twist erahnen, ihn beim zweiten Lesen oder Anschauen aber womöglich sagen lassen: „Warum bin ich nicht selbst darauf gekommen, es wurde doch alles schon im Voraus angedeutet!“

Denn kleine, vermeintlich harmlose Handlungen können rückblickend natürlich eine ganz andere Bedeutung erhalten.

Darüber hinaus gilt es auch, den Tonfall, die Atmosphäre, für einen potentiellen Twist zu erschaffen. Wenn Sie ein ernstes Drama schreiben, ist ein echter Twist häufig fehl am Platz. In Thrillern oder Komödien hingegen erwartet der Leser zu einem gewissen Grade bereits überraschende Wendungen, was es dem Autor einfacher macht.

Des Weiteren sollten Sie zwischen Überraschungen und Twists unterscheiden: Ein Wendepunkt, der zumindest indirekt das Resultat der Handlungen des Protagonisten ist, ist im Grunde kein Twist, sondern nur eine Konsequenz, die sich nicht vermeiden ließ. Der plötzliche Wandel einer Figur und ihres Verhaltens kann überraschend, aber in sich stimmig und im Voraus klar angedeutet sein, was ihn ebenso zu keinem echten Twist machen würde. Beides sollte sich in nahezu jeder Geschichte wiederfinden.

Ein echter Twist hingegen stellt die Geschichte vollkommen auf den Kopf – wie eben in „The Sixth Sense", „Fight Club", „Die Üblichen Verdächtigen", „The Game" und vielen Episoden von „The Twilight Zone" –, verändert ihre Richtung und ihren Ausgang, in fast allen Fällen jedoch auch rückwirkend das zuvor Gelesene oder Gesehene.

Suspension of Disbelief

„Warum treffen die den nicht? Die feuern tausend Kugeln auf den, aber keine trifft? Wie realistisch!"

Es gibt wohl keinen Kinogänger, der diesen Satz nicht in irgendeiner Form entweder gehört oder sogar selbst gesagt hat. Er ist jedoch nur das offensichtlichste Beispiel dafür, dass viele Zuschauer und Leser die ihnen angebotene Geschichte in vielen Momenten bis ins kleinste Detail hinterfragen – was für Autoren ein Problem darstellt, denn mindestens 99 Prozent aller Romane und Filme sind nicht bis ins letzte Details logisch und realistisch.

Bei Thrillern, Action, aber auch Komödien liegen die Fehler häufig offen auf der Hand, doch selbst in realistisch angehauchten Dramen verhalten sich Figuren nicht immer so, wie es Menschen in der Realität tun würden; vereinzelt wird die Handlung vom Zufall gesteuert und natürlich passiert immer das nur schlimmstmögliche Vorstellbare zum schlechtesten nur denkbaren Moment. Von kleinen Logiklöchern und ein paar unvermeidbaren Ungenauigkeiten im Detail mal ganz abgesehen, denn unbegrenzte Zeit zur Recherche steht einem Autor selten zur Verfügung, zumal er gerade bei Filmen auch nicht unbegrenzten Einfluss auf das Endergebnis hat. Ein Drehbuch kann noch so gut und „fehlerfrei" sein, im Dreh und Schnitt können sich später in Verbindung mit der Inszenierung des Regisseurs immer Probleme ergeben, die sich außerhalb der Kontrolle des Autors befinden.

Dennoch gibt es Bücher und Filme, in denen wir selbst die absurdesten Situationen begeistert verfolgen, ohne sie ernsthaft zu hinterfragen, während wir bei anderen Geschichten in jeder Szene das Haar in der Suppe suchen. Woran liegt das?

Das Schlagwort dazu lautet „Suspension of Disbelief", was auf Deutsch in etwa soviel bedeutet wie das „Aufgeben der eigenen Skepsis". Die Psychologie dahinter ist gleichermaßen komplex wie umstritten, grundsätzlich kann man es sich jedoch wie einen Kompromiss, wie einen Pakt, zwischen Autor und Leser vorstellen: Wenn Du mir versprichst, dass ich gut unterhalten werde, höre ich auf, jedes Detail zu hinterfragen. Ohne diesen Pakt könnten ganze Genres – Superhelden, Comics, Science-Fiction, Fantasy, aber im Grunde auch Action und Thriller – nicht existieren.

Selbst Krimis verdrehen regelmäßig die Realität, wenn etwa innerhalb kürzester Zeit die Ergebnisse eines Labortests eintreffen, was in Wirklichkeit Wochen oder sogar Monate dauern kann. Weil jedoch weder Autor noch Leser so lange warten wollen, liegt es hier häufig im Interesse beider Seiten, ein Auge zuzudrücken, um die Story voranzutreiben.

Man könnte sogar behaupten, dass jeder synchronisierte Filme „Suspension of Disbelief“ benötigt, denn warum um alles in der Welt sollten Amerikaner Deutsch sprechen? Ganz zu schweigen davon, dass selbst im Original sich oft auch Nicht-Englischsprachler untereinander auf Englisch unterhalten, weil man dem Zuschauer keine Untertitel zumuten möchte. Die tolle Polizei-Serie „The Shield“ hat dieses im Grunde zutiefst alberne Konzept sogar in einer Folge aufgegriffen, als die Polizisten eine Gruppe Armenier abhören wollen – und dann kein Wort verstehen, weil sie zu ihrer Überraschung feststellen müssen: „Die Armenier… sprechen armenisch.“

Dennoch gibt es Bücher und Filme, in denen das Aufgeben der Skepsis besser oder schlechter funktioniert, was uns vor die Frage stellt: Was kann man als Autor tun, um den Leser oder Zuschauer davon abzuhalten, jedes Detail zu hinterfragen? Die eine Antwort darauf lautet: Erzählen Sie eine so spannende oder lustige Geschichte, dass es dem Leser egal ist, ob es hier und da eine kleine Logiklücke gibt!

Natürlich gibt es aber auch ein paar Tricks und Kniffe, die über diese simple Antwort hinausgehen: Beginnen Sie Ihr World Building mit einigen sehr präzisen Details, die entweder wirklich aufwendig recherchiert wurden oder aber die so stimmig und umfangreich erfunden sind, dass der Leser oder Zuschauer nicht anders kann als sie glauben zu wollen.

Wenn Sie ihm erst einmal das Gefühl geben, dass Sie wirklich wissen, wovon Sie sprechen, können Sie sich im weiteren Verlauf der Geschichte mehr Freiheiten gönnen. Eine anfangs etablierte Glaubwürdigkeit zu zerstören, ist weitaus schwerer als ein anfängliches Misstrauen wieder abzubauen.

Die im Grunde sehr alberne Action-Serie „Burn Notice“, die an Filme der 80er-Jahre erinnert, beherrschte diese Methode nahezu perfekt; der Protagonist erklärte immer wieder in kurzen Momenten ein paar – teils echte, teils frei erfundene – Weisheiten des Agentenlebens und dieses vermeintliche Fachwissen konnte oft darüber hinwegtäuschen, dass vieles anderes unlogisch war, mitunter sogar das Verhalten der Figuren.

Darüber hinaus spielen die Erwartungen von Lesern und Zuschauern natürlich auch eine Rolle; wenn Sie einen auf jung getrimmten Actionfilm in einem Sci-Fi-Setting schreiben, können Sie sich wesentlich mehr Freiheiten nehmen als bei einem recht generischen Krimiroman, weil bei ersterem ein größeres Maß an „Suspension of Disbelief“ mit ins Kino gebracht wird – zumindest bei dem gewillten Zuschauer.

Wir halten fest: Leser und Zuschauer sind grundsätzlich bereit, zu Gunsten einer interessanten Geschichte gewisse Abstriche in Hinblick auf Realismus und Logik zu machen. Ihre Aufgabe als Autor ist es, dieses Vertrauen möglichst früh zu bestätigen, indem Sie eine stimmige Welt erzählen, deren Regeln in sich selbst glaubwürdig sind.

Zufälle, Entscheidungen & Konsequenzen

In nahezu alle Aspekte der Geschichte, von der Ablehnung der Ungläubigkeit bis in die Charakterentwicklung, spielt ein Faktor ganz entscheidend mit hinein: Die Selbstbestimmung des Protagonisten, also sein Einfluss auf die Story. Sobald er sein Schicksal in die Hand nimmt, gibt es keine Zufälle zu seinen

Gunsten mehr, sondern seine eigenen Taten sind es, welche die Handlung lenken und bestimmen.

Moment! Wenn der Protagonist und seine Taten den Plot lenken, ist er dann nicht in Kontrolle? Widerspricht das nicht den zuvor erwähnten Problemen und Hindernissen?

Nein, denn dass der Protagonist sein Schicksal in die Hand nimmt und auf sein Ziel hinarbeitet, bedeutet ja noch nicht, dass er es auch ohne Probleme erreicht und alles so läuft wie er es sich erhofft, im Gegenteil: Seine Handlungen können auch unerwartete und vor allem unerwünschte Konsequenzen nach sich ziehen. Lassen Sie uns das anhand der zuvor etablierten Struktur des Plots verdeutlichen!

Im ersten Akt hat der Protagonist sein Leben in der Regel nicht selbst in der Hand. Zwar kann er stark und kompetent sein, doch er geht sein Problem und seine Schwächen nicht an, lässt sich in seinem Alltag treiben und zu einem gewissen Grade von seinem Umfeld steuern.

Hier können Zufälle sein Leben durchaus noch stark beeinflussen beziehungsweise tun es sogar oft, denn in den meisten Fällen ist der „Inciting Incident“ nichts anderes als ein Zufall, um die Veränderung in Gang zu setzen: zur rechten (oder falschen) Zeit am rechten (oder falschen) Ort.

Doch nachdem der Protagonist mit sich gerungen hat und sich zu Beginn des zweiten Aktes in das Abenteuer stürzt, sollten reine Zufälle der Vergangenheit angehören, denn jetzt bestimmt der Protagonist mit seinem Handeln sein Geschick und muss auch die Konsequenzen tragen. Die Hindernisse, die der Antagonist ihm in den Weg legt, sind nicht etwa zufällig, sondern meistens klar die Konsequenzen des Drucks, den der Held auf seinen Widersacher ausübt.

Das ist von enormer Wichtigkeit, weil es bedeutet, dass der Protagonist – und niemand anderes – die Verantwortung und somit auch die Schuld für sämtliche Konsequenzen trägt, die ihm und seinem Umfeld Schmerzen bereiten können. Ist er ein Opfer des Zufalls und Schicksals, mag er zwar eine tragische Figur sein, ein Held ist er jedoch in der Regel nur, wenn er sich seiner Handlungen, ihrer Konsequenzen und des damit verbundenen Drucks klar bewusst ist. Auch die Fallhöhe ist eine gänzlich andere, wenn, sagen wir, die Familie des Helden nicht nur aus Zufall, sondern als Reaktion auf sein eigenes Handeln bedroht, entführt oder sogar verletzt wird.

„Möglichst wenig Zufälle" klingt nach einer simplen und logischen Regel, die in der Realität jedoch sehr häufig von angehenden Autoren missachtet wird. Löst der Held jedoch – ob absichtlich oder unabsichtlich – keine Reaktionen aus, wirkt sein Handeln belanglos, er ist nicht der Herr seiner eigenen Geschichte und somit eine tendenziell uninteressante Figur.

Perspektive und Zeit

Drehbuchautoren können dieses Kapitel weitgehend überspringen, denn die Frage nach Perspektive und Zeit stellt sich ihnen kaum bis gar nicht: Drehbücher werden immer im Präsens geschrieben und Leser sowie Zuschauer sind externe Betrachter, eine dritte Person also, die in den meisten Fällen mehr als nur eine Seite der Geschichte sieht. Selbst Voice Overs – also erklärende Erzählungen des Helden – ändern daran wenig; uns mag dadurch zwar eine Sichtweise der Dinge nahegelegt werden, doch die Bilder sprechen weitgehend für sich, so dass wir uns auch einen eigenen Eindruck machen können. Etwaige bewusste Auslassungen ausgenommen.

Wollen Sie hingegen einen Roman schreiben, ist die Frage nach der Erzählperspektive sowie der Erzählzeit eine der ersten, die Sie sich stellen sollten, zugleich jedoch in erster Linie eine Stilfrage: Die Mehrheit der Bücher ist in der Vergangenheitsform geschrieben, weil man üblicherweise nun mal von der Vergangenheit erzählt, die Form somit vertraut und logisch klingt. Präsens kann eine Alternative darstellen, etwa wenn es sich um eine Art Augenzeugenbericht handelt, Sie dabei ein hohes Tempo und Spannung erzeugen wollen, wirkt vielfach jedoch hektisch, bemüht und schlichtweg unnatürlich. Ein ganzes Buch im Präsens zu schreiben, also nicht nur auszugsweise in etwa Tagebucheinträgen, birgt ein recht großes Risiko und sollte, wenn überhaupt, nur in Verbindung mit einem Ich-Erzähler verwendet werden.

Damit sind wir dann auch schon bei der Wahl der Erzählperspektive, die weniger eindeutig ausfällt, zumal sie enorme Auswirkungen auf Ihren Plot nach sich zieht. Grundsätzlich existieren drei relevante Erzählperspektiven für Romane:

Die erste Person: Der bereits erwähnte Ich-Erzähler, also die Erzählung aus der Perspektive einer Person, in der Regel der des Helden. Die erste Person bringt den großen Vorteil mit sich, dass der Leser sich dem Protagonisten sehr nahe fühlt, problemlos in sein Weltbild und seine Gedanken eintauchen kann, zudem aber auch Spannung leicht zu kreieren ist.

Wenn wir die Welt nur aus der Sicht einer Person sehen, kann es überraschende oder erschreckende Momente und Wendungen geben, die mit einem allwissenden Erzähler wesentlich schwerer fallen. Zudem kann die erste Person auch ein unzuverlässiger Erzähler sein, also ein Erzähler, der nicht immer die Wahrheit sagt und den Leser bewusst oder unbewusst an der Nase herumführt – etwa, weil er nicht besser weiß oder weil er sich selbst anders darstellen will als er ist.

Die erste Person ist etwas weniger gebräuchlich als die dritte Person und kann deshalb den ein oder anderen Leser irritieren. Gerade, wenn sich Ihr Roman eher an eine junge Zielgruppe richtet, sollte das jedoch kein Problem darstellen. Der wesentlich größere Nachteil ist, dass Sie nicht mal eben die Perspektive wechseln können, um Nebenfiguren oder die Gegenseite zu zeigen, um Spannung zu erzeugen, dem Leser ein zusätzliches Wissen gegenüber dem Helden an die Hand zu geben und somit etwa dramatische Ironie zu generieren.

Ein durchgängiger zweiter Ich-Erzähler, der Antagonist etwa, kann eine Option sein, was jedoch mitunter sehr bemüht wirkt, sofern es sich nicht logisch ergibt wie beispielsweise in Gillian Flynns „Gone Girl".

Die allwissende dritte Person: Wie der Name schon sagt, ist der allwissende (auktoriale) Erzähler eine Art „Gott"; er kennt die gesamte Geschichte aus allen erdenklichen Perspektiven, kann in jede Figur hineinschauen, ihre Handlungen sehen und ihre Gedanken lesen. Das macht ihn mächtig, zugleich aber auch ein wenig langweilig, weil er recht wenig Raum für Subtext, das Lesen zwischen den Zeilen und Überraschungen bietet: Plötzliche Wendungen etwa fallen mit dem allwissenden Erzähler schwer, schließlich hätte er uns auch schon vor sechzig Seiten sagen können, dass der beste Freund des Helden ein Verräter ist und heimlich hinter seinem Rücken mit dem Antagonisten kooperiert.

Die eingeschränkte dritte Person: Aufgrund der Kritik an dem allwissenden Erzähler erhält der eingeschränkte Erzähler in der dritten Person heute vielfach den Vorzug.

„Eingeschränkt" bedeutet in dem Zusammenhang, dass er eben nicht alles weiß, sondern – ähnlich wie in der ersten Person – nur das Wissen und den Blickwinkel einer Figur oder zumindest eines begrenzten Figurenkreises (der Protagonist und sein Umfeld zum Beispiel) besitzt. Aber auch ganze Ensembles von Figuren mit sehr unterschiedlichen Gesinnungen lassen sich so abdecken, denken Sie an George R.R. Martins „Das Lied von Eis und Feuer", das weit über die klassische personale Erzählweise hinausgeht.

Die eingeschränkte dritte Person ist zugleich die Erzählperspektive, die am meisten Überlegung bedarf, stellt sich doch die Frage, auf welche Figuren Sie sich fokussieren, was das in Hinblick auf den Plot und die Informationen, die der Leser benötigt, sowie etwaige Überraschungen und Wendungen bedeutet.

Die Chancen dieser Erzählperspektive sind jedoch nicht kleiner als die Risiken, verbindet sie doch den natürlichen, leicht distanzierten Klang der allwissenden dritten Person mit der Nähe zu den Figuren aus der ersten Person und erlaubt darüber hinaus dennoch unerwartete Wendungen.

Vor allem in Krimis, Thrillern und vielleicht auch Abenteuern ist die eingeschränkte dritte Person daher oft erste Wahl.

Was erzählt man, was erzählt man nicht?

In Verbindung mit der Erzählperspektive, nun allerdings auch wieder für Drehbücher von enormer Bedeutung, stellt sich die Frage, was man dem Leser oder Zuschauer verrät, was man zeigt und was man vorenthält. Getreu dem Motto: „Was nicht gesagt wird, ist genauso wichtig wie das, was gesagt wird."

Das Vorenthalten von Informationen vor dem Leser ist in jedem Genre von Belang, am schwersten kommt es jedoch in Thrillern zu tragen, da fehlendes Wissen in erster Linie Ungewissheit und somit Spannung bedeutet.

Andersrum funktioniert das Spiel aber natürlich auch: Wenn der Leser etwas weiß, was seine Figuren nicht wissen, kann auch das Spannung erzeugen – wie die schon zuvor angesprochene „Bombe unter dem Tisch".

Sinnvoll ist es, sich bei allen wichtigen Informationen und Entwicklungen die Frage zu stellen: Muss ich dem Leser das sofort verraten? Welche Vor- und Nachteile ergeben sich, wenn ich es tue oder lasse? Gibt es einen guten Grund, warum ich ihm diese Information an die Hand gebe und warum ich ihm jene Information vorenthalte?

Elementar ist dabei, dass man „gerecht" mit dem Leser umgeht. Wenn man ihm jeden Gedanken einer Figur verrät, dann allerdings ein entscheidendes Detail verschweigt, nur um Spannung zu erzeugen und ihn zu überraschen, wirkt das gezwungen, falsch und schlichtweg nicht fair.

Auch in Dialogen spielt das Unausgesprochene eine große Rolle, hier meistens unter der Bezeichnung „Subtext". Mehr dazu im Laufe des folgenden Kapitels.

Wissen anwenden: Eine Checkliste für den Plot

Auch wenn Figuren in den meisten Geschichten nicht minder wichtig sind, ist nichts in der Planung eines Buchs oder Drehbuchs so komplex und umfangreich wie der Plot. Anders als bei Charakter und Setting gibt es jedoch keine wirklich klare

Reihenfolge, wie man die Entwicklung eben jenes Plots am besten angeht – zu viele Faktoren spielen mit rein und zu sehr wirken sich Charakter und Setting auf den Plot aus.

Zudem ist die zuvor erwähnte Struktur der drei Akte beziehungsweise acht Sequenzen im Grunde bereits die bestmögliche Schritt-für-Schritt-Anleitung, die es für den Plot nur geben kann.

Stattdessen wollen wir deshalb hier vielmehr auf eine Art Checkliste zurückgreifen, zehn Fragen, die Sie sich vor, während und nach der Plotentwicklung stellen sollten:

1. Was ist das große externe Ziel des Protagonisten? Was **will** er? Ist die Bedeutung des Ziels klar genug? Was steht auf dem Spiel?

2. Was ist sein inneres Problem und wie wirkt sich dieses Problem auf das Erreichen des Ziels aus? Ist es ein schwerwiegendes, aber nachvollziehbares Problem? Was **braucht** er?

3. Was muss passieren, damit er sein Problem überwindet und sein Ziel erreicht?

4. Welches Risiko geht er ein und ist dieses Risiko groß genug?

5. Tauchen im Laufe der Geschichte neue Hindernisse auf, die eine Reaktion auf das Handeln des Helden sind?

6. Leidet Ihr Protagonist? Passiert ihm oft genug das Schlimmste nur vorstellbare und ist es Konsequenz seiner Taten?

7. Zeigen Sie seine Entwicklung und Veränderung anhand von Taten? Geht er im Verlauf der Geschichte immer größere Risiken ein?

8. Gibt es ein paar überraschende, aber logische, beinahe zwingend notwendige Wendungen?

9. Welche kleinen und großen Fragen werfen Sie im ersten Akt auf? Wie und wann werden sie im Laufe der Geschichte beantwortet?

10. Spielen Sie für jede Entscheidung mehrere Optionen durch, anstatt auf die offensichtliche zurückzugreifen?

Zugegeben: Es gibt noch weitaus mehr Fragen und Themen, wie wir zuvor bereits angesprochen haben. Hierbei handelt es sich tatsächlich nur um einen kleinen Überblick der wichtigsten Fragen, die Sie sich im Laufe der Plotentwicklung stellen sollten.

Und wenn Sie alle dieser Frage ausführlich und logisch beantworten können, wissen Sie, dass Sie auf einem guten Weg sind!

Das Schreiben

Nun sind wir endlich an dem Punkt angelangt, mit dem viele angehende Autoren gerne sofort beginnen würden. Doch die Gewichtung und Aufteilung hat einen guten Grund, denn das Schreiben des ersten Entwurfs kann bei Romanen zwar viel Zeit in Anspruch nehmen, im Vergleich zur Vorarbeit sowie den auf den ersten Entwurf folgenden Überarbeitungen ist sein Anteil aber erstaunlich gering.

Zunächst legen wir sogar noch einen weiteren, letzten Zwischenschritt ein, der Ihnen beim Schreiben des ersten Entwurfs von großer Hilfe sein wird: das Erstellen einer Outline.

Die Outline

Die Outline stellt die Brücke zwischen Ihren unzähligen Notizen für Charakter, Setting und Plot sowie Ihrem ersten Entwurf dar: Sie enthält alle großen Plotpunkte, sämtliche Charakterentwicklungen sowie zumindest eine grobe Vorstellung von den Schauplätzen, an denen sich Ihre Geschichte abspielt, um Ihnen einen klaren Überblick zu ermöglichen: Ergibt meine Geschichte Sinn? Habe ich den ein oder anderen Charakter im späteren Verlauf vielleicht vergessen? Sind alle Wendungen logisch und nachvollziehbar? Ist die Reihenfolge die bestmögliche oder kann ich hier oder da noch etwas umstellen?

Sinnvollerweise sollte eine Outline daher nicht in Prosaform geschrieben werden, sondern eher in Stichpunkten, die sich leicht verändern und verschieben lassen, um noch Korrekturen vorzunehmen und den Ablauf im Detail zu ändern.

Manche Autoren sträuben sich gegen eine Outline, weil sie sich dadurch zu sehr an eine Richtlinie gebunden fühlen, die sie beim Schreiben des ersten Entwurfs nur behindert. Gerade Autoren, die sich an ihrem ersten oder zweiten Buch versuchen, ist jedoch dringend anzuraten, vor dem ersten Entwurf eine klare Outline aufzustellen und sich beim Schreiben auch weitgehend an sie zu halten, da es ansonsten ein Leichtes ist, den Plot in Chaos versinken zu lassen.

Als Neuautor ist die Verlockung beim Schreiben oft groß, hier noch eine Wendung und da noch eine bessere Idee einzubauen, sich von den Charakteren lenken zu lassen, die vielleicht doch lieber den Konflikten aus dem Weg gehen wollen – und plötzlich befindet man sich auf Seite 100, ohne eine Ahnung zu haben, wie es nun weitergehen soll.

Aber auch erfahrenen Autoren ist eine Outline in der Regel durchaus hilfreich, zumal die nur stichpunktartig formulierten Plotpunkte nicht mehr als ein grober Fahrplan sind – wie genau sich der Weg zwischen den einzelnen Punkten gestaltet, lässt sich immer noch beim Schreiben des ersten Entwurfs herausfinden.

Darüber hinaus ermöglicht es eine Outline, Ihre Geschichte nicht chronologisch schreiben zu müssen, was vor allem bei Drehbüchern von enormen Vorteil sein kann: Sie haben gerade keine Lust auf eine Action-Szene und fühlen sich eher lustig? Dann schreiben Sie statt Szene 11 doch einfach Szene 19 – wenn Sie wissen, was dazwischen passieren muss, und wenn Sie Ihre Figuren gut kennen, ist das kein Problem.

Natürlich birgt auch das nicht-chronologische Schreiben gewisse Gefahren, im Zweifel müssen Sie im Nachhinein etwas mehr Zeit in die Überarbeitung stecken – aber es ist immer noch besser, als an einem Tag eine Szene oder ein Kapitel zu schreiben, bei der Sie schon währenddessen merken, dass es nicht funktioniert und Sie alles am liebsten auf der Stelle wieder löschen würden.

Wir halten fest: Eine Outline stellt einen sinnvollen und in vielen Fällen unverzichtbaren Schritt zwischen Entwicklung und erstem Entwurf dar, da sich übersichtlich etwaige Logiklücken und Pacing-Probleme erkennen lassen, sie zudem das zielstrebige Schreiben unterstützt.

Das Treatment

Drehbuchautoren kommen leider nicht drumherum, den Begriff des Treatments kennenzulernen, das vor allem in Deutschland nach wie vor von den Produzenten erstaunlich häufig erbeten wird.

Ein Treatment ist nichts anderes als eine in Prosaform geschriebene Zusammenfassung der Geschichte, die jedoch – anders als die Outline – nicht nur die groben Plotpunkte enthält, sondern tatsächlich nahezu jede Detail, von den Locations bis hin zu einzelnen Dialogen.

Der Umfang eines Treatments beträgt daher nicht selten zwanzig bis dreißig DIN-A4-Seiten, was das Treatment zu der vielleicht am meisten gehassten Aufgabe eines jeden Drehbuchautors macht, zumal man über seine Relevanz streiten kann: Für einen simplen Überblick über die Story ist es zu lang, Veränderungen fallen schwer und zugleich schränkt es den Autor beim Schreiben des Drehbuchs tatsächlich ein, wenn er immer das – nicht selten nur unter Qualen geschriebene – Treatment im Hinterkopf hat und sich über weite Strecken daran halten muss. Nicht umsonst wird das Treatment heutzutage in anderen Ländern weitaus seltener verwendet.

Wenn Sie ein Drehbuch „on spec", also auf eigene Faust, schreiben, ohne bereits den Auftrag eines Produzenten zu haben, ist von einem Treatment in der Regel abzuraten: Ein gutes Exposé in Verbindung mit einem Drehbuchauszug ist fast immer die bessere Option – nicht nur, weil ein Treatment mühsam ist, sondern weil sein Umfang potentielle Leser abschrecken kann und sein Inhalt nur wenig über Ihre tatsächlichen Fähigkeiten als Drehbuchautor aussagt.

Die ersten Seiten

Zur Sache! Es gibt nur wenig, das für eine Geschichte so wichtig ist wie ihr Anfang, denn wie auch im echten Leben zählt für Leser und Zuschauer nichts so sehr wie der erste Eindruck.

Überprüfen Sie das für sich selbst: Wie lange brauchen Sie, um zu sagen, ob Ihnen ein Film bzw. Buch gefällt oder nicht? Zehn Minuten? Zwanzig Seiten? Viel mehr ist es nur in den wenigstens Fällen, etwa wenn Sie schon andere Werke des Autors kennen und in seine Fähigkeiten vertrauen oder wenn Ihnen das Werk von Freunden und Kritikern empfohlen wurde.

Das trifft auf Ihr erstes Buch jedoch vermutlich nicht zu, weshalb auf den Anfang das größte Augenmerk gelegt werden sollte – denn es gibt wohl kaum eine größere Strafe für einen Autor, als wenn der Leser das Werk monatelanger Arbeit nach wenigen Minuten enttäuscht beiseite legt oder ausschaltet.

Was aber zeichnet einen guten Anfang aus? Und was ist überhaupt die Grenze für den Anfang? Die erste Szene, der erste Akt oder gar nur der erste Satz?

Beginnen wir mit der zweiten Frage: Der sinnvollste Rahmen für das, was wir unter Anfang verstehen, dürfte der erste

Akt sein, denn in diesem tauchen nicht nur Ihre Hauptfiguren, die Probleme des Protagonisten und der Inciting Incident auf, auch der Weg, welchen Ihr Held im Verlaufe der Geschichte beschreiten wird, ist bereits recht klar vorgezeichnet. In einem Drehbuch sind das üblicherweise 20-25 Seiten, in einem Roman kann man 50 Buchseiten als grobe Grenze ansehen.

Am Ende dieses ersten Aktes wissen wir als Leser und Zuschauer immer, was im Laufe dieser Geschichte passieren wird, auch wenn wir natürlich nicht jede Wendung vorab erahnen können. Doch an Figuren, Setting und Plot wird sich nichts mehr so grundlegend ändern, dass wir nach dem ersten Akt nicht eine klare Einschätzung abgeben könnten, ob uns diese Geschichte potentiell gefallen mag oder nicht.

Grundsätzlich ist es daher die Aufgabe des Anfangs und damit auch Ihre Aufgabe als Autor, den Leser in einer Art Verhandlung davon zu überzeugen, doch bitte die ganze Geschichte zu lesen oder zu sehen – und nicht gelangweilt oder gar enttäuscht abzuschalten. Voraussetzung dafür sind im Grunde nur zwei Punkte:

1. Werfen Sie große Fragen auf: Leser und Zuschauer brauchen eine klare Vorstellung davon, wohin sich diese Geschichte entwickeln wird, zugleich brauchen sie aber einen Grund, warum sie das Ende dieser Geschichte erfahren wollen sollten. Und die Antwort darauf lautet – ironischerweise –, möglichst große, spannende Fragen aufzuwerfen.

Leser wollen überrascht werden, Sie wollen im Verlaufe einer Geschichte etwas Neues erfahren, etwas herausfinden, und dieses Gefühl können sie nur erleben, wenn sie sich von Beginn an Fragen stellen: Wer ist der Mörder? Kommen X und

Y am Ende zusammen? Wie sollen sie da jemals wieder lebend herauskommen? Was um alles in der Welt hat es mit diesen Zahlen auf sich? Warum versteckt sie sich vor ihm? Und warum trifft er sich mit seinen vermeintlichen Widersachern? Wird sie rechtzeitig merken, dass er ein falsches Spiel spielt?

Auf jeden Fall muss dem Leser oder Zuschauer klar sein, was auf dem Spiel steht. Wenn Indiana Jones nur einen belanglosen Schatz sucht, wirft das noch keine Fragen auf. Erst wenn wir erfahren, dass eben jener Schatz besondere Kräfte haben soll und auch der größtmögliche Feind ihm nachjagt, entstehen Fragen wie „Schafft er es?" und „Was passiert, wenn er es nicht schafft?".

Gerade Thriller leben auch davon, dass sie uns gar nicht erst erklären, was wir in den ersten Momenten genau sehen; sie lassen die Handlungen ihrer Figuren oft im Unklaren, was uns automatisch dazu bringt, sie zu hinterfragen und herausfinden zu wollen, was um alles in der Welt es mit diesem mysteriösen Koffer und dem Mann mit dem Spazierstock und dem Monokel auf sich hat!

Versuchen Sie, sich in die Rolle des Lesers zu versetzen und überlegen Sie: Welche Fragen würde ich mir stellen, wenn ich dieses Buch zum ersten Mal in der Hand hielte? Werden genug spannende Frage aufgeworfen, um Gründe für das Weiterlesen zu geben?

2. Machen Sie Ihre Figuren interessant: Das zweite, nicht minder wichtige Element sind die Figuren. Eine Geschichte kann noch so spannende Fragen aufwerfen, wenn wir uns nicht für den Protagonisten, sein Umfeld und vielleicht sogar den Antagonisten interessieren, spielt auch der Plot keine Rolle.

Warum sollte jemand sich die „Kommen X und Y am Ende zusammen?“-Frage stellen, wenn sowohl X als auch Y absolut langweilige, vielleicht sogar unsympathische Figuren sind, mit denen man sich nicht identifizieren kann?

Da Ihre Charaktere im ersten Akt in der Regel ohnehin noch nicht allzu viel zu tun haben beziehungsweise nicht unter riesigem Druck stehen, ist es jedoch ein Leichtes, sich genügend Zeit zu nehmen, sie klar zu etablieren, Stärken und Kompetenzen, aber auch Schwächen und Probleme zu zeigen. Dem Leser Gründe zu geben, mit ihnen mitfiebern zu wollen.

Vielleicht fühlen wir mit dem Underdog, der von seinem Umfeld ständig eins auf den Deckel bekommt, vielleicht lieben wir aber auch den coolen Helden, der nach außen hin immer einen schlagfertigen Spruch auf den Lippen hat, obwohl ihm Sorgen und Ängste nicht fremd sind.

Was auch immer Sie in der Charakterentwicklung erdacht haben, zeigen Sie es so schnell und klar wie möglich, geben Sie Ihren Figuren mehrere Facetten und lassen Sie Leser und Zuschauer um ihr Schicksal bangen, um den Anfang so zu gestalten, dass er Lust auf mehr macht!

Dazu zählen auch wieder einmal die Konflikte: Zeigen Sie, dass Ihr Held nicht einfach in der Masse mitschwimmt, dass er eigene Ansichten hat, mit denen er aneckt. Dass er Meinung beziehen kann, auch wenn er das unter Umständen zu Beginn noch nicht in der letzten Konsequenz tun mag.

Im besten Fall kann man damit nicht nur seine Figuren, sondern auch ihre Welt etablieren, indem sich zwei Charaktere zum Beispiel über ein für diese Welt gerade wichtiges und brisantes Thema streiten – oder zumindest kontrovers darüber miteinander diskutieren.

Tempo, Tempo, Tempo?

Die einfachste Möglichkeit, dem Leser Lust auf mehr zu machen und ihn gar nicht erst auf den Gedanken kommen zu lassen, dass ihn diese Geschichte vielleicht langweilen könnte, ist es, schlichtweg von der ersten Sekunde an ein enormes Tempo vorzulegen.

Zum Beispiel könnten Sie einfach in medias res beginnen, also kein typisches Set-Up aufbauen, sondern den Protagonisten nahezu direkt in sein Abenteuer zu werfen, indem es sofort zum Inciting Incident kommt oder wir sogar erst in dessen Nachwehen eintreffen. Der größte Vorteil dabei ist – neben dem hohen Tempo –, dass sofort Fragen aufgeworfen werden („Was ist hier gerade passiert?“), der Nachteil, dass wir den Charakter nie in seinem Alltag kennenlernen und seine Veränderung etwas weniger offensichtlich sein mag.

Insbesondere in TV-Serien und Filmen kommt daher als Alternative oft ein Flash Forward zum Einsatz, es beginnt also mit einem späteren Punkt in der Geschichte, bevor die Zeit zurückgespult wird und wir uns plötzlich „48 Stunden zuvor“ befinden. Das ist ein recht praktischer Kompromiss zwischen schnellem Start, der Fragen aufwirft, und klassischem Set-Up, das die Figuren etabliert, wird heutzutage aber ein wenig zu oft benutzt. In einzelnen Situationen mag es dennoch sinnvoll sein, beispielsweise um der Geschichte auch ein klares Ziel und einen Rahmen zu geben.

Natürlich ist solch ein hohes Erzähltempo nicht immer angebracht. Schlägt Ihre Geschichte einen durchweg ruhigen Tonfall an, verspricht ein zu temporeicher Einstieg etwas Falsches, weckt Erwartungen im Leser, die nicht erfüllt werden, und das gilt es unbedingt zu vermeiden.

Gleichwohl muss ein temporeicher Anfang nicht zwangsläufig mit Action und „in media res“ gleichgesetzt werden, das Erzähltempo kann auch durch eine gewisse Hektik mit schnellen Sprüngen und Auslassungen ganz schlicht erhöht werden. Insbesondere US-Komödien beginnen heutzutage oft mit einer fast schon an eine Montage erinnernden Sequenz, die gerne das stressige und manchmal vermeintlich ausgefüllte Leben des Protagonisten zeigt, der zwischen Arbeit, Freunden, Familie und Freizeit hin und her eilt, kaum einen Moment zum Durchatmen hat, aber trotzdem die Nerven bewahrt, was seine Kompetenz unterstreicht. Seine Schwächen offenbaren sich dann oft erst in den darauffolgenden ruhigeren Momente, die zwischen der Eröffnungssequenz und Inciting Incident stehen.

Wir halten fest: Ein hohes Erzähltempo und der direkte Einstieg ins Geschehen können ein probates Mittel sein, um den Leser von der ersten Sekunde an zu fesseln und ihn in den zweiten Akt zu treiben, ohne dass er es wirklich bemerkt. Die Charakterentwicklung sollte dabei jedoch nicht vernachlässigt werden.

Die erste Szene, das erste Bild, der erste Satz

Zum Abschluss unserer Überlegungen bezüglich des Anfangs in Romanen und Filmen wollen wir uns noch dem allerersten Moment widmen, den ein Leser oder Zuschauer sieht, also dem ersten Satz sowie dem ersten Bild beziehungsweise der ersten Szene.

Die Bedeutung des ersten Satzes in Romanen wird von manchen Autoren sehr hoch gehängt: Der erste Satz alleine könne den Tonfall des gesamten Buches etablieren und das

Weiterlesen garantieren, heißt es da. Das ist natürlich eine maßlose Übertreibung, denn auch der beste erste Satz hat keine Bedeutung, wenn der Rest des Anfangs es nicht schafft, spannende Figuren zu erschaffen und gleichzeitig mehrere interessante Fragen aufzuwerfen.

Beim Schreiben des ersten Entwurfs sollten Sie daher auf keinen Fall so beginnen, dass Sie zwei, drei Stunden lang über den ersten Satz nachdenken, bevor Sie zur Sache kommen – das würde allenfalls dafür sorgen, dass Sie sich diesen Schreibstil dauerhaft angewöhnen und Ihr Werk nie fertig wird.

Sinnvoller ist es, dem ersten Satz zu Beginn keine große Beachtung zu schenken (oder zumindest keine größere Beachtung als jedem anderen Satz auch) und ihn erst im Nachhinein mit der zweiten oder dritten Überarbeitung genauer unter die Lupe zu nehmen, ihn zu schleifen und ihn wirklich spannend oder unterhaltsam zu gestalten. Denn die Wahrheit ist: Der erste Satz, den Sie in Ihrem ersten Entwurf schreiben, ist mit ungefähr 99-prozentiger Wahrscheinlichkeit nicht der erste Satz, der auch in Ihrem letzten Entwurf am Anfang steht – egal, wie viel Mühe Sie sich zu Beginn damit geben mögen.

Der Grund dafür ist nicht nur, dass bei Überarbeitungen ohnehin jeder zweite Satz noch einmal verändert oder gar gestrichen wird, sondern auch, dass der Anfang selbst den erfahrenen Autoren mitunter schwerfällt und sie zwanzig, dreißig oder gar fünfzig Seiten brauchen, um wirklich den richtigen Tonfall zu treffen, ihre Figuren zu hören und ein echtes Gefühl für das Setting der Geschichte zu entwickeln. Selbst mit umfangreicher Vorarbeit ist das Schreiben des ersten Entwurfes an sich noch einmal ein, nun, Schritt in eine neue Welt, unter der die ersten Kapitel zweifellos leiden. Mit anderen Worten: Nichts wird im Nachhinein so stark überarbeitet werden wie der Anfang, nirgendwo wird so viel gestrichen.

Das geht sogar so weit, dass manche Autoren das erste Kapitel zunächst im Grunde nur zur Einführung für sich selbst schreiben, um ein Gehör und Gespür für Figuren und Dialoge zu entwickeln, im zweiten Kapitel dann zur Sache kommen und das erste Kapitel anschließend löschen. So weit kann man, muss man aber natürlich nicht gehen.

Schreiben Sie keinen Roman, sondern ein Drehbuch, sieht es etwas anders aus; dort kommt dem ersten Bild und der ersten Szene auch aufgrund der schlichtweg kürzeren Gesamtlänge des Werks in der Regel eine größere Bedeutung zu und die ersten Momente können tatsächlich nicht nur über den Tonfall, sondern auch über das Gefallen mitentscheiden.

Sinnvoll ist es – sowohl bei Drehbüchern als auch bei Romanen –, entweder mit einem starken Konflikt oder einem guten Gag zu beginnen, um dem Leser sofort etwas anzubieten, wofür er sich interessieren oder worüber er lachen kann. Lange Beschreibungen der Welt mögen vor allem in Romanen ihren Platz haben, doch der befindet sich in der Regel nicht am Anfang. Ein schneller, konfliktreicher Dialog, der sofort etwas über die Figuren erzählt und dabei dazu führt, die Welt zu beschreiben, ist fast immer die bessere Wahl.

Versetzen Sie sich auch hier in den Leser hinein: Wollen Sie zu Beginn mit seitenlangen Beschreibungen der Welt erschlagen werden, die zwar faszinierend sein mag, aber in der noch nichts passiert – oder wollen Sie direkt die Figuren und ihre Probleme kennenlernen, sie in einem Konflikt erleben und anschließend oder – noch besser – währenddessen die Welt sehen? Die Antwort dürfte offensichtlich sein.

Szene und Beschreibungen

Eine Geschichte besteht grob aus den schon zuvor erwähnten Sequenzen, die wiederum aus mehreren Szenen bestehen, die sich aus einzelnen Bildern zusammensetzen. Diese Begriffe sind in erster Linie im Film gebräuchlich, aber treffen auch auf Romane zu: Ein Kapitel ist üblicherweise nichts anderes als eine Aneinanderreihung von inhaltlich mehr oder weniger zusammenhängenden Szenen.

Doch was macht eine gute Szene aus? Wie schreibt man eine Szene spannend oder lustig? Im Wesentlichen mit den gleichen Regeln, die wir bereits aus der Entwicklung von Charakteren und Plot kennen! Das wichtigste Element einer Szene ist ihre Bedeutung, in der Regel von dem Ziel, dem Handeln und der Entwicklung des Protagonisten gesteuert. Die erste Frage, die Sie sich stellen sollten, lautet daher:

Was muss in dieser Szene passieren?

Vielleicht will der Protagonist einen Zeugen überreden, sich ihm anzuvertrauen, doch sein Gegenüber fürchtet den Zorn des Antagonisten – also muss der Held ihm diese Angst nehmen. Vielleicht aber muss der Protagonist in dieser Szene auch nur erkennen, wie gefährlich der Antagonist wirklich ist, weil er ihn bis hierhin unterschätzt hat.

Vielleicht ist das sogar Teil seiner Charakterentwicklung: Er wähnt sich anfangs überlegen und erkennt dann nach und nach, dass er es mit einem Gegenspieler zu tun hat, der ihm immer einen Schritt voraus ist und vor nichts zurückschreckt.

Was auch immer es sein mag, insbesondere in Filmen muss in jeder Szene etwas passieren, das Geschichte und Figuren vorantreibt. Gibt es dieses Etwas nicht, könnte die Story also auch ohne diese Szene erzählt werden und wäre weiterhin verständlich, ist die Szene irrelevant und wird meist gestrichen, entweder direkt im Drehbuch oder später im Schnitt.

In Romanen steht Ihnen natürlich ein wenig mehr Zeit zur Verfügung, doch auch hier gilt es, die Geduld der Leser nicht über die Maßen zu strapazieren und spätestens am Ende eines jeden Kapitels etwas passieren zu lassen, dass die Geschichte vorantreibt oder gar in eine neue Richtung lenkt.

Nur wenig ist frustrierender, als ein langatmiges Kapitel zu lesen, das auf etwas hinzuarbeiten scheint – um dann am Ende zu bemerken, dass rein gar nichts passiert ist und man die letzten zwanzig Seiten auch hätte überspringen können, ohne dabei etwas zu verpassen.

Wie passiert es?

Sobald Sie wissen, was passieren muss, was das Ziel des Protagonisten ist und was ihm dabei im Weg steht – was also Konflikt und Hindernis sind –, stellt sich die Frage, wie es am besten passieren könnte.

Wie auch schon in der Stoffentwicklung angesprochen, ist die offensichtliche Antwort hierbei selten die beste, weshalb Sie im Voraus mehrere Optionen durchspielen und sich dabei unter anderem fragen sollten: Wo spielt diese Szene, wer muss in dieser Szene auftauchen und wer könnte in dieser Szene auftauchen? Was ist das Überraschendste und was ist das Allerschlimmste, das in dieser Szene passieren könnte? Existiert eine Möglichkeit, die Spannung oder den Witz in dieser Szene zu erhöhen, ohne Kompromisse dafür eingehen zu müssen?

Es gibt fast immer eine elegantere, bessere Alternative zu dem naheliegenden Klischee!

Geben Sie Ihren Figuren etwas zu tun!

Der vielleicht wichtigste und zugleich leichteste Kniff, um eine Geschichte lebendiger und Figuren echter wirken zu lassen, ist, ihnen etwas zu tun zu geben. Denken Sie an einen klassischen Krimi aus dem Fernsehen: Es kommt nicht gerade selten vor, dass die Figuren nur zu Hause herumsitzen, aus dem Fenster starren und auf den Kommissar zu warten scheinen, um von ihm befragt zu werden. Doch das ist weder besonders realistisch noch interessant.

So gut wie jede Szene wird spannender und glaubwürdiger, wenn sich das Leben der Charaktere nicht einmal im Ansatz um den Protagonisten dreht, sondern sie in erster Linie mit sich selbst und ihren eigenen Problemen beschäftigt sind.

Um bei dem Beispiel zu bleiben: Vielleicht trifft der Kommissar den Zeugen nicht zu Hause an, sondern auf der Arbeit. Vielleicht ist er gerade wahnsinnig beschäftigt und hat kaum Zeit, dem Kommissar zuzuhören, weil auch ein dutzend Kollegen auf ihn einreden. Vielleicht war der Zeuge gerade beim Arzt und hat einen unerfreulichen Befund erhalten, der ihm jetzt im Kopf herumspukt. Vielleicht ist er aber auch nur Hypochonder, wirkt während des Gesprächs abgelenkt und nervös, befühlt immer wieder eine Stelle an seinem Körper und beantwortet die Fragen des Kommissars kaum, sondern stellt Gegenfragen wie: „Wissen Sie, ob ein Zucken in den Muskeln ein Zeichen für einen Gehirntumor ist?“

Auch wenn Realismus kein Muss ist: Im wahren Leben ist fast jeder Mensch in erster Linie mit sich selbst beschäftigt. Fast jeder glaubt, zu wenig Zeit zu haben, fast jeder trägt fast immer irgendwelche Sorgen oder auch Hoffnungen und Vorfreude mit sich herum. Jemand anderem, den wir nicht kennen, zu helfen, ist – bei aller Menschenliebe – nur in den wenigsten Fällen unsere oberste Priorität. Viel häufiger würden wir dem durchschnittlichen Anliegen eines Protagonisten mit Misstrauen begegnen. Sogar, wenn es sich bei dem Helden um einen Polizisten handelt.

Spiegeln Sie dieses Gefühl in Ihren Szenen wider, um sie und Ihre Figuren lebendiger und echter wirken zu lassen!

Holen Sie Ihre Figuren ab!

Eine viel zu selten gestellte Frage vor dem Schreiben einer Szene ist: Wo befindet sich meine Figur gerade mental, in welchem Zustand taucht sie in dieser Szene auf? Wenn man als Autor einmal das Gehör für einen Charakter entwickelt und ihn als lustig, schlagfertig oder stets ernst etabliert hat, ist die Verlockung groß, diesen Tonfall vom ersten bis zum letzten Moment durchzuziehen. Aber echte Menschen sprechen und verhalten sich nicht jedes Mal gleich, wir haben unterschiedliche „Stimmen" für private und berufliche Gespräche, reden mit guten Freunden anders als mit entfernten Bekanntschaften oder unseren Kindern und Eltern. Genauso sind wir nicht von morgens bis abends immer gleich gelaunt, manche sind echte Morgenmuffel, andere wetterfühlig und, und, und.

Neben diesen eher allgemeinen Charaktereigenschaften spielen gerade bei Film- und Romanfiguren jedoch auch – wie schon zuvor – Entscheidungen und Konsequenzen eine große Rolle. Eine ganz entscheidende Frage lautet daher vor jeder Szene: In welchem Gemütszustand, in welcher Verfassung, befindet sich ein Charakter gerade? Was ist zuletzt passiert und wie wirken sich die letzten Erlebnisse und Entscheidungen auf sein Verhalten in dieser Szene aus?

Nehmen wir an, Ihr Protagonist trifft sich abends mit seiner Freundin, die ihm offenbart, dass sie gerne mit ihm zusammenziehen würde. Er könnte das einfach annehmen oder ablehnen, basierend auf der recht nüchternen Entscheidung, ob er es mit der Beziehung ernst meint oder nicht. Oder aber es könnten die vorherigen Momente mit in seine Entscheidung und sein Verhalten in dieser Situation reinspielen.

Vielleicht hat er gerade ein zwölfstündiges Meeting in seiner Firma hinter sich und nicht einen Hauch Lust auf diese Überlegung oder Diskussion, was seine Freundin falsch auffassen und was neue Probleme aufwerfen könnte. Vielleicht hat er aber auch erfahren, dass seine Firma Entlassungen plant, weshalb er Angst hat, sich keine größere Wohnung leisten zu können, ihr das jedoch nicht anvertrauen will. Vielleicht hat er kurz zuvor eine andere nette Frau kennengelernt und zweifelt an seinen Gefühlen.

Egal, ob es etwas Allgemeines (die Müdigkeit) oder etwas Spezifisches (die Geldsorgen) ist, in viele Situationen und Konflikte spielen vorherige Ereignisse mit rein, weshalb Sie sich zu Beginn jeder Szene immer in Ihre Figuren hineinversetzen sollten: Wo befinden sie sich in diesem Moment mental und was bedeutet das für Ihr Verhalten in dieser Szene?

Spät rein, früh raus!

Der letzte große Kniff für gut geschriebene Szenen lautet: Steigen Sie so spät wie möglich ein und gehen Sie so früh wie möglich wieder heraus! Nichts tut dem Erzähltempo besser als dieser Ratschlag.

Insbesondere in Filmen sehen wir so gut wie nie ganze Szenen. Wenn es darum geht, einen Konflikt zwischen dem

Protagonisten und seinem Chef zu zeigen, sehen wir nicht, wie der Protagonist zur Arbeit fährt, sein Büro betritt, erst ein wenig arbeitet, von seinem Chef ins Büro gebeten wird, der ein paar einleitende Worte spricht, dann das große Problem zwischen den beiden diskutiert, ein paar versöhnliche Worte folgen lässt und den Protagonisten zurück zur Arbeit schickt.

Nein, wir sehen maximal den Protagonisten, der während der Arbeit ein paar Mal vorsichtig zu seinem Chef hinüberschielt, bis sich ihre Blicke treffen – und dann sehen wir, wie der Chef ihn zur Sau macht. Nicht mehr, denn alles andere ist für die Geschichte im Grunde irrelevant. Vielleicht geht es sogar noch kürzer: Reicht es nicht sogar aus, wenn der Protagonist bedröppelt aus dem Büro seines Chefs schleicht, um uns verstehen zu lassen, was zuvor passiert ist?

Und auch wenn Filme das, wie so oft, auf die Spitze treiben, gilt dasselbe im Wesentlichen für Romane. Gleichzeitig bedeutet diese Regel nicht, dass es nicht ruhige, zur Spannung beitragende Moment geben darf. Wenn der Leser beispielsweise schon weiß, dass bald ein großer Konflikt zwischen der Protagonistin und ihrem Mann ansteht, kann es sehr spannend oder amüsant sein, sie zunächst in einem Umfeld zu zeigen, in dem sie sich normal verhalten müssen, beispielsweise auf der Geburtstagsfeier ihres Kindes. Wo es immer wieder kleine Momente gibt, in denen der Konflikt vor sich hin brodelt und auszubrechen droht, sie ihn unterdrücken, wodurch er aber noch anschwillt – bis sie sich schließlich in die Abstellkammer des Hauses verziehen und sich darin anzischen, damit auch ja keiner etwas mitbekommt. Was aber natürlich passiert.

Der Unterschied ist, dass in dem Fall die vermeintlich unwichtigen Szenen etwas zu diesem Konflikt beisteuern, ihn vergrößern und somit auf etwas hinarbeiten. Bestünde der Aufbau nur auf der Erwartung des Konfliktes, ohne dass er sich dabei verschlimmert, ließe er sich vermutlich streichen.

Wir halten fest: Wie auch in der Stoffentwicklung lassen sich Szenen in erster Linie durch das Stellen vieler Fragen interessanter gestalten. Was muss passieren, was könnte passieren, wer verfolgt welches Ziel und in welchem mentalen Zustand befinden sich meine Figuren gerade?

Dialoge und Subtext

Es gibt nichts, was Autoren bei ihren ersten Versuchen so kritisch sehen wie die Dialoge: „Das klingt hölzern und unecht", so hat vermutlich jeder Autor schon einmal seine eigene Arbeit kritisiert. Bevor wir ins Detail gehen, lassen Sie uns daher zunächst versuchen, Ihnen die Angst vor den Dialogen zu nehmen: Ja, die Gespräche in Büchern und Drehbüchern klingen häufig nicht echt oder gar seltsam, sowohl bei Anfängern als auch bei erfahrenen Autoren. Woran liegt das? Warum erscheinen vielen die Beschreibungen und der Plot recht leicht, während die Dialoge einfach nicht gelingen wollen?

Die Wahrheit lautet in den meisten Fällen: Ihre Dialoge sind nicht schlechter als Ihre Beschreibungen und Ihr Plot! Der große Unterschied dazwischen ist: Wir kennen Dialoge so lange wir leben. Es gibt nichts, was wir so viel hören wie das Gespräch zwischen zwei oder mehreren Menschen, während uns Beschreibungen und Plot relativ neu und unvertraut sind. Selbst wenn Sie hunderte Bücher gelesen haben, ist das im Vergleich zu den Gesprächen, die Sie in Ihrem gesamten Leben gehört und geführt haben, verschwindend wenig.

Anders formuliert: Sehen Sie Ihr Schreiben ruhig kritisch, aber sehen Sie die Dialoge nicht kritischer als alles andere! Wenn Ihre Gespräche hölzern klingen, bedeutet das nicht, dass Sie ein unbegabter Autor sind oder dass Ihre Figuren nichts taugen, sondern lediglich, dass Sie kritisch mit sich selbst sind, weil Sie in diesem Bereich bereits eine riesige Erfahrung haben – und dass Sie für eigene Schwächen nicht blind sind.

Sehen Sie das als etwas Positives an, denn es gibt nur sehr wenig, das so kostbar ist wie Erfahrung. Und nun lassen Sie uns daran arbeiten, Ihre Dialoge flüssiger klingen lassen!

Die Kunst des Zuhörens

Man muss weder ein schlechter Mensch noch ein Zyniker sein, um sich einzugestehen, dass die meisten Menschen einander verdammt selten zuhören. Das beginnt schon im frühen Kindesalter, in dem manche Kinder sich sogar offen und bewusst die Ohren zuhalten, wenn ihre Mutter mit ihnen redet, es geht weiter in der Schule, in der man lieber mit dem Nachbarn quatscht oder seinen Tagträumen nachhängt, anstatt dem Lehrer aufmerksam zu lauschen, und auch im Erwachsenenalter ändert sich daran nicht viel: Denken Sie nur daran, in wie vielen Gesprächen einer der Gesprächspartner nicht viel mehr als „mmm-hmm" beisteuert, was eines der sichersten Zeichen ist, dass er dem Gegenüber nicht lauscht.

Doch als Autoren, die eigene Dialoge schreiben wollen, ist es in gewisser Weise unsere Pflicht, das Zuhören zu beherrschen: Nur wenn wir wissen und verstehen, wie Menschen sich unterhalten, können wir diese Unterhaltungen auch in unseren Romanen und Filmen wiedergeben. Der vielleicht älteste und dennoch bis heute zutreffendste Trick lautet daher: Lauschen

Sie anderen Menschen und beobachten Sie, wie sie sich unterhalten. Tun Sie das in der Uni oder auf der Arbeit, auf Partys oder in einem Café – aber tun Sie es!

Das wahrscheinlich Bemerkenswerteste, das Sie schnell feststellen werden und das doch häufig übersehen wird, ist, dass es nur sehr, sehr selten echte Gespräche zwischen zwei gleichwertigen, gleichberechtigten Gesprächspartner gibt. Viel mehr existiert fast immer ein Gesprächsführer, der mit seinem Gespräch ein Ziel verfolgen will, sowie ein Zuhörer, der entweder nur lauscht oder aber ein gegenläufiges Ziel verfolgt.

Das Ziel kann ganz unterschiedlicher Natur sein: Mal will der Gesprächsführer sich etwas von der Seele reden, mal sucht er Bestätigung – häufig in Form des Lästerns über andere Personen –, mal möchte er seinen Gegenüber von der eigenen Meinung überzeugen oder aber Interesse an sich selbst in ihm oder ihr wecken.

Es gibt so gut wie keine Gespräche, in denen nicht mindestens einer der beiden Gesprächspartner ein Ziel verfolgt, selbst Smalltalk erfüllt oft den Zweck, Kontakt zu jemandem zu knüpfen, sich selbst in Erinnerung zu rufen oder etwas über den anderen herauszufinden.

Genauso wie Handlungen sind Dialoge in Geschichten daher im Grunde immer von einer klaren Motivation mindestens einer Figur geprägt. Wenn Sie sich vor dem Schreiben fragen: „Was will diese Figur mit diesem Gespräch eigentlich erreichen?“, dann sind Sie bereits auf einem guten Weg, Ihre Dialoge weniger hölzern klingen zu lassen und interessanter zu gestalten. Wenn nun auch noch die andere Figur ein gegenläufiges Ziel verfolgt, haben Sie sogar schon einen Konflikt – und das allein ist in vielen Fällen bereits genug, um das

Interesse des Lesers darauf zu fokussieren und kleine Unebenheiten in den Gesprächen zu übertünchen.

Wir halten fest: Sowohl echte Menschen als auch fiktive Figuren verfolgen mit Dialogen fast immer ein Ziel; der Charakter mit dem stärkeren Ziel und der dominanteren Art ist zudem der Gesprächsführer. Lauschen Sie aktiv und bewusst Gesprächen, um ein Gefühl dafür zu entwickeln!

Dialoge sind nicht realistisch

Neben den Rollen der Figuren in einem Dialog wird Ihnen beim Belauschen fremder Gespräche vermutlich schnell noch etwas ganz anderes auffallen: Echte Gespräche zwischen zwei oder mehr realen Menschen haben mit Dialogen in Romanen und vor allem Filmen nicht das Geringste gemein. Ein echter Dialog klingt oft ungefähr so:

„Also, ich bin dann zur Dings, äh, zur Elke, und sie schon wieder gleich so – Kennst sie ja, nä?“
„Wie jetzt?“
„Na, wie immer halt!“
„Mm-hmm, aso.“
„Ich mein, was willste sonst machen, wenn sie schon so drauf ist, da kannste gleich –“
„Ja, klar.“

Fiktive Figuren hingegen benutzen in der Regel keine Füllworte, ihre Sätze ergeben so gut wie immer Sinn, sie verwenden nur sehr selten Ellipsen und vor allem wiederholen sie sich fast nie – oder nur mit Absicht.

Roman- und Filmfiguren sprechen im Wesentlichen so, wie wir echte Menschen sprechen würden, wenn wir vor jedem Satz zehn Sekunden überlegen und ihn möglichst wohlgeformt hervorbringen könnten. Das bedeutet natürlich nicht, dass sich jeder Charakter gewählt ausdrücken oder gar wer weiß wie schlagfertig sein muss, sondern nur, dass es einen klaren Unterschied zwischen realen Gesprächen und fiktiven Dialogen gibt. Denn schon die wenigen Zeilen dort oben sind schwer zu lesen und noch schwerer anzuhören – ginge das neunzig Minuten oder dreihundertfünfzig Seiten lang so, würde vermutlich auch der letzte Leser und Zuschauer genervt abschalten.

Wir halten fest: Machen Sie nicht den Fehler, Ihre Figuren wie echte Menschen sprechen zu lassen! Fiktive Charaktere sagen meistens nur das Nötigste und sie sagen es „schön", ohne dabei artifiziell zu klingen.

Der Subtext

Das Ziel in einem Dialog haben wir bereits angesprochen, die zweite große Frage in dem Zusammenhang ist jedoch: Wie versucht Ihre Figur, dieses Ziel zu erreichen? Dabei spielt der Subtext eine große Rolle, der nebenbei viel über ihren Charakter enthüllen kann.

Subtext ist im Prinzip ein anderes Wort für „zwischen den Zeilen lesen" und steht auch mit dem zuvor erwähnten Abholen der Figuren in Verbindung: Was ist zuvor passiert und wie wirkt sich das auf dieses Gespräch aus?

Nehmen wir ein konkretes Beispiel: Eine junge Frau erzählt ihrem Freund von einem Treffen mit einem anderen Freund und was sie dabei Lustiges erlebt hat. Eine mögliche Reaktion darauf wäre „Interessant, das klingt lustig“, aber das ist gleichermaßen langweilig wie nichtssagend. Anders sieht es mit einem Satz wie „Schön, dass Du Spaß hattest!“ aus. Er könnte so gemeint sein, wie er gesagt ist, man kann jedoch auch allerlei in ihn hineinlesen, in erster Linie natürlich Neid und Eifersucht. Schön, dass **Du** Spaß hattest – „ohne mich“ steckt unausgesprochen dahinter. Wie er aber tatsächlich gemeint ist, kann nur der Kontext verraten: Hat der Mann sich vielleicht in Abwesenheit der Freundin gelangweilt? Misstraut er ihr? Oder war sie zuvor traurig und er ist wirklich froh, dass sie mal wieder Spaß hatte?

All das ließe sich auch offen und direkt in Worte fassen, aber das Sprechen „durch die Blume“ klingt sowohl glaubwürdiger als auch interessanter und es bindet den Leser mit ein, da es ihm erlaubt, eigene Schlüsse zu ziehen. Und wann immer Sie die Möglichkeit sehen, den Leser zu involvieren, ihn sich selbst Fragen stellen und sich anschließend schlau fühlen zu lassen, sollten Sie das tun.

Zugleich ist der Subtext natürlich maßgeblich von dem mentalen Zustand bestimmt, in dem sich der Charakter gerade befindet. War er zuvor selbst mit Freunden aus und hatte Spaß, reagiert er vermutlich anders, als wenn er den Abend alleine zu Hause verbracht und sich gelangweilt hat. Oder aber er hatte selbst mit seinen Freunden mehr Spaß als mit seiner Freundin und hat deshalb ein schlechtes Gewissen – worauf er entweder mit Schuldgefühlen oder aber passiv-aggressiv reagieren kann.

Subtext liegt jedoch natürlich nicht nur in der Reaktion, sondern auch in der Aktion. Um sein Ziel in einem Gespräch zu erreichen, kann der Protagonist mit seinem Gegenüber flirten, offen oder gar aggressiv vorgehen, ohne das Ziel dabei klar auszusprechen. Manchmal wird er von seinem Gesprächspartner erwischt, der den Trick durchschaut, manchmal liegt es auch allein am Leser, das Unausgesprochene zu verstehen.

Häufig arbeitet der Subtext zudem mit Bildern und Vergleichen. Wenn ein junger Mann seiner Freundin erzählt, dass ihm seine Wohnung langsam zu klein ist, könnte das ein (noch recht konkreter) Hinweis darauf sein, dass er vielleicht mit ihr zusammenziehen möchte. Wenn sie von ihren Großeltern schwärmt, die jahrelang eine glückliche Fernbeziehung geführt haben, mag man das als Antwort darauf verstehen.

Das Ganze funktioniert natürlich auch wesentlich abstrakter. Vielleicht hat in diesem Beispiel die junge Frau Angst, sich langsam aber sicher in ihre Mutter zu verwandeln, spießig und langweilig zu werden. Sie könnte das aussprechen – oder sie könnte das durch die Blume sagen und mit kleinen Handlungen zeigen. Womöglich, indem sie jeden Morgen „verschläft", um nicht mit ihrem Freund zusammen am Frühstückstisch sitzen zu müssen. Und indem sie auf einen geschenkten Wecker mit einem „Cool, den stelle ich gleich zu meinem Fax und meinem Videorekorder!" reagiert.

Wichtig ist, dass Subtext sowohl bewusst als auch unbewusst und mit gänzlich verschiedenen Intentionen gesprochen werden kann. Ein bewusst gewählter Subtext könnte als Hilfe gemeint sein, weil die Figur einer anderen etwas schonend beibringen möchte, oder er könnte passiv-aggressiv sein, eine Gemeinheit bewusst zwischen den Zeilen verstecken.

Eine Figur, eine Stimme

Selbst wenn die Dialoge nicht hölzern klingen, weisen sie häufig ein recht großes Problem auf: Alle Figuren hören sich mehr oder weniger gleich an, was in der Regel bedeutet, dass kein Charakter eine eigene Stimme hat und alle im Grunde so sprechen wie der Autor, es also die Stimme des Autors ist, die als einzige in den Dialogen durchklingt.

Stärkstes Anzeichen dafür ist, dass verschiedene Figuren ähnliche oder gar gleiche Ausdrücke verwenden, sich der Satzbau und die Satzlänge nicht wesentlich voneinander unterscheiden und eine etwaige Botschaft, die der Autor vermitteln möchte, viel zu klar durchschimmert.

Das scheint offensichtlich, gleichwohl gilt es, nicht den bekannten Fehler zu machen, die eigene Stimme so misszuverstehen, dass jede Figur irgendeinen Sprachtick hat, einen Dialekt spricht oder eine Catchphrase ständig wiederholt. Natürlich spricht eine Jugendliche aus der Großstadt vermutlich vollkommen anders als eine alte Dame vom Land, im Schnitt jedoch sind die Unterschiede nicht so groß wie manchmal angenommen, vor allem aber können insbesondere Dialekte, sowohl geschrieben als auch gehört, auf Dauer beinahe abstoßend wirken. Zumal heute von Dialekten häufig auf ein niedriges Bildungsniveau der Figur geschlossen wird, so ungerechtfertigt das sein mag.

Was wir unter einer eigenen Stimme verstehen, ist daher vielmehr die Weltsicht einer Figur sowie zu einem gewissen Grade auch der soziale Hintergrund. Der schon erwähnte, streng erzogene Geschäftsmann, der glaubt, viel zu wenig Zeit im Leben zu haben, wird sich in den meisten Gesprächen vermutlich eher kurz fassen und seine Weltsicht recht klar zum Ausdruck bringen.

Ein junger Vater, der zu Hause auf sein Kind aufpasst, ist hingegen mangels anderer Beschäftigungen vielleicht eher zum Plaudern aufgelegt, wobei er entweder nur von Kindern reden kann, weil ihn dieses Thema rund um die Uhr beschäftigt, oder aber er meidet es komplett, weil er das Gefühl hat, an nichts anderes mehr denken zu können.

Auch der zuvor erwähnte Subtext spielt in der eigenen Stimme eine enorme Rolle, denn in welcher Weise und wie offen eine Figur in Gesprächen agiert, ist Teil ihrer eigenen Stimme und verrät viel über sie.

Spielt sie gerne den Provokateur? Sagt sie offen ihre Meinung oder schickt sie andere vor und schließt sich dann ihnen an? Macht sie in unangenehmen Situationen Witze, um die Stimmung aufzulockern? Beantwortet sie ernste Fragen offen und ehrlich oder tut sie diese mit einem frechen Spruch ab? Reagiert sie auf Konflikte direkt oder passiv-aggressiv?

Wir halten fest: Jede Figuren braucht eine eigene Stimme, nicht die Stimme des Autors. Neben ihrer sozialen Herkunft sind es jedoch vor allem ihre Interessen und ihr Umgang mit Konflikten, die ihre eigene Stimme prägen.

Die Falle der Exposition

Selbst wenn jeder Charakter mit einer eigenen Stimme spricht und eigentlich eine eigene Weltsicht zum Ausdruck bringt, klingen Dialoge vor allem in Filmen häufig holprig – nämlich dann, wenn sie überwiegend zum Zwecke der Exposition eingesetzt werden, also dem Transport von Informationen an den Zuschauer.

Besonders auffällig und frappierend ist das in Krimis und insbesondere Krimiserien, in denen häufig die Mehrheit der Dialoge allein der Exposition dient.

Natürlich lassen sich einige Informationen fast nur in Form von Dialogen transportieren – Namen und Berufe von Opfern und Verdächtigen etwa –, dennoch gilt es, die beiden häufigsten Klischees unbedingt zu vermeiden.

1. Die Wiedergabe von Informationen, die der Gesprächspartner kennt: Der Kommissar und seine Kollegin kommen dem Täter auf die Schliche, allein es fehlt ein Beweis. „Wir können seine Wohnung nicht ohne Durchsuchungsbeschluss durchsuchen", sagt der Kommissar und die Kommissarin antwortet: „Stimmt."

In der Realität würde sie ihn vermutlich entweder nur schräg angucken oder verärgert anfahren, schließlich ist sie sich dessen als Polizistin selbst bewusst.

Genauso sagen Gerichtsmediziner gerne Sätze wie: „Den genauen Tatzeitpunkt kann ich erst nach der Obduktion nennen." Man sollte meinen, ein Kommissar, der in dieser Serie in seinem fünfzigsten Mordfall ermittelt, wüsste das bereits.

Immer wenn eine Figur etwas sagt, das eigentlich nicht für ihren Gesprächspartner, sondern allein für den Zuschauer bestimmt ist, läuft etwas gewaltig schief – solche Sätze sind nicht nur zu meiden, sie sind zu streichen!

2. Das Wiederholen von Informationen: Nicht minder schlimm ist das ebenfalls in Krimis sehr verbreitete Wiederholen von Informationen. „Wir haben eine neue Spur", erklärt eine Polizistin aufgeregt, „das Opfer hat in der Mordnacht mit Inge Müller telefoniert!" „Inge Müller – die Künstlerin?", fragt ihr Gegenüber. Ja, Inge Müller, die Künstlerin, die wir zuvor schon drölf Mal gesehen haben!

Das Wiederholen von bekannten Informationen ist gleich aus zweierlei Gründen furchtbar: Zum einen zeugt es von einem schlechten Bild der Autoren von Lesern oder Zuschauern („Besser wir wiederholen es, sonst verstehen die das nicht!"), zum anderen deutet es darauf hin, dass die Autoren ihrer eigenen Geschichte und ihren eigenen Fähigkeiten nicht vertrauen oder sich sogar klarer Schwächen bewusst sind, ohne sie beheben zu wollen – denn eine gut erzählte Geschichte mit starken Figuren bräuchte diese Erinnerungen nicht.

Auch hier gilt: Wiederholungen, die allein dem Zwecke dienen, den Leser oder Zuschauer an etwas zu erinnern, sind zu streichen. Schreiben Sie eine Story und Charaktere, die von alleine im Gedächtnis bleiben!

Exposition besser verpacken

Natürlich sind Verbote allein nicht wirklich hilfreich, wenn wir keine Alternative aufzeigen: Wie verpackt man Informationen über Welt und Figuren also, die schnell transportiert werden müssen, ohne sie als Exposition zu offensichtlich wirken zu lassen?

Die einfachste Methode ist es – wie so oft – das Ganze in einen Konflikt zu stecken: Anstatt eine Figur glasklar sagen zu lassen wie etwas ist, lassen Sie stattdessen zwei Figuren darüber streiten, sie unterschiedliche Meinungen haben. Auf diese Weise verbinden Sie Exposition mit dem Etablieren der Charaktere und der Leser lernt nicht nur die Welt, sondern auch die unterschiedlichen Sichtweisen der Figuren kennen.

Das kann sogar bei generischen Krimis funktionieren: Anstatt den Gerichtsmediziner sagen zu lassen, wie genau das Opfer denn nun umgekommen ist, schicken Sie zunächst zwei

Kommissare an den Tatort und lassen Sie sie zu eigenen, jedoch ganz unterschiedlichen Schlüssen bezüglich Tat und Täterprofil kommen.

Das Vorgehen entspricht (Krimi-typisch) zwar nur bedingt der Realität, aber es ist zumindest spannender und weniger offensichtlich als das simple Abfragen von Informationen.

Sind Sie der Ansicht, dass Sie Informationen an den Leser oder Zuschauer weitergeben müssen, die aber eigentlich beide Gesprächspartner kennen sollten, gibt es mindestens zwei Lösungen: Entweder Sie ziehen eine dritte Person hinzu – einen Neuling, einen Schüler, einen in irgendeiner Form Außenstehenden – und lassen diesen die Rolle des Lesers bzw. Zuschauers übernehmen und Fragen stellen.

Oder aber Sie gehen mehr oder weniger bewusst darauf ein, dass beide Gesprächspartner diese Informationen kennen, indem zum Beispiel der eine den Satz des anderen beendet: „Die genaue Tatzeit…“ – „... erst nach der Obduktion, ist nicht mein erster Fall.“

Auch wenn gerade diese Regel so gut etabliert ist, dass man als Autor dem durchschnittlichen Krimifan diese Kenntnis durchaus zutrauen darf.

Wir halten fest: Gerade das Fernsehen neigt dazu, seine Zuschauer zu unterschätzen, und nervt deshalb mit vielen Wiederholungen und Exposition, welche die Figuren zum Teil unglaubwürdig, zum Teil gar dumm erscheinen lässt.

Transportieren Sie Informationen hingegen mit Hilfe von Konflikten oder notfalls einer dritten Person, lässt sich dieses Problem recht leicht umschiffen.

So geht's weiter!

Über den Anfang einer Geschichte haben wir bereits viele Worte verloren, nicht jedoch über Mitte und Ende. Das soll allerdings nichts über deren Bedeutung aussagen, es ist nur so, dass Mitte und Ende naturgemäß auf dem Anfang aufbauen, im Rahmen der Plotentwicklung bereits im Detail beleuchtet wurden und nur noch äußerst bedingt den Zweck erfüllen müssen, den Leser zum Weiterlesen zu überzeugen.

Wer es durch das erste Viertel der Geschichte geschafft hat, bleibt in den meisten Fällen auch bis zum Ende dran – und im Mittelteil geht es im Grunde sogar in gewisser Weise darum, das Ende möglichst geschickt hinauszuzögern. Wie schon in der Struktur angesprochen, spielen dabei im Grunde nur zwei Elemente eine tragende Rolle: zum einen die Hindernisse, die der Protagonist überwinden muss, zum anderen die Charakterentwicklung als Reaktion auf diese Hindernisse.

Die Hindernisse sind in der Regel mit kleinen Zwischenzielen verknüpft – oder das Überwinden des Hindernisses stellt für sich bereits ein kleines Ziel dar.

In einem Krimi mag es darum gehen, einen Zeugen zu finden und ihn schnell zum Reden zu bringen oder aber eine Spur zu verfolgen, bevor der Täter womöglich die Gelegenheit hat, etwaige Beweise zu beseitigen.

In einer romantischen Komödie gilt es vielleicht, den Love Interest zunächst zu einem Date zu bewegen, dann dieses Date trotz Widrigkeiten angenehm zu gestalten.

In einem Thriller mag es äußerst konkrete Mini-Ziele wie das Eindringen in ein Gebäude und das Stehlen eines wichtigen Gegenstandes geben, der für das große Ganze benötigt wird. Und natürlich muss der Protagonist dabei immer und immer wieder über seinen eigenen Schatten springen, mehr riskieren, eine Veränderung durchleben.

All das haben wir bereits in der Charakter- und Plotentwicklung besprochen und doch ist es wichtig, sich diese Mini-Ziele mit ihren potentiellen Belohnungen und Hindernissen beim Schreiben von Mitte und Ende ganz klar vor Augen zu halten, sowohl seinen Figuren als auch den Lesern jederzeit klar zu machen, was aktuell das Ziel ist, was damit zu erreichen wäre und was auf dem Spiel steht.

Nicht selten verliert man gerade in diesem eigentlich recht klar strukturierten Teil Leser oder Zuschauer, die sich fragen: „Warum macht er das gerade eigentlich?" Halten Sie den Plan des Helden simpel wie schlüssig!

Davon abgesehen, gibt es nur relativ wenige echte Kniffe, die es beim Schreiben von Mitte und Ende zu beachten gilt. In Romanen können Sie insbesondere mit mehreren Erzählperspektiven vor allem im Mittelteil auf so genannte Cliffhanger setzen, also jeweils am Ende eines Kapitels eine große Frage aufwerfen, einen spannenden Moment erzeugen, um dann im nächsten Kapitel vielleicht zunächst eine andere Figur zu erzählen. Das sorgt für das bekannte „Nur-noch-eine-Seite"-Gefühl, hält Tempo und Spannung hoch.

Das Ende sollte zudem klar und unausweichlich sein, ab einem gewissen Punkt *kann* es nur noch dieses Ende geben, weil dem Helden entweder Zeit oder Optionen (oder beides) ausgehen.

Die entscheidende Frage ist dann nicht mehr die Gestaltung des Endes, sondern ihr Ausgang: Gelingt es dem Helden, sein Ziel zu erreichen? Und wenn ja, was muss er dafür opfern?

Wir halten fest: Im Mittelteil geht es in erster Linie darum, dem Leser kleine „Haken“ zu geben, an denen er und Ihr Held sich entlanghangeln können, um das Ziel zu erreichen. Dabei sollte immer ein Fortschritt zu erkennen sein, um das Tempo hoch zu halten und über die in gewisser Weise bremsende Funktion hinwegzutäuschen, bis das unausweichliche und eindeutige Ende naht.

Guter Schreibstil

Es ist schwierig, zu beantworten, was guten Schreibstil ausmacht – ganze Bücher sind allein über dieses Thema verfasst worden. Doch zum einen wandelt sich die Sprache ständig, zum anderen empfindet jeder etwas anderes als einen guten Schreibstil: Der eine mag es ausführlich und blumig, der andere knapp und nüchtern. Und natürlich gibt es ohnehin nicht den einen, für alles besten Schreibstil, sondern es gibt einen guten Schreibstil für Komödien, einen für Thriller, einen für Liebesgeschichte und, und, und.

Dennoch hier ein paar grundlegende Anregungen, um den eigenen Horizont zu erweitern:

1. Lernen Sie „gutes“ Deutsch: Damit sind nicht nur Rechtschreibung und Grammatik gemeint, sondern in erster Linie natürlich Satzbau, Formulierungen, das Vermeiden von Klischees, das Suchen eigener Bilder und Vergleiche. Ein empfehlenswertes Buch ist „Deutsch für junge Profis: Wie man gut und lebendig schreibt“ von Wolf Schneider, das zwar einem journalistischen Blickwinkel entspringt, aber nicht ausschließlich einen nüchternen Stil propagiert, sondern sich sinnvoll mit der deutschen Sprache auseinandersetzt.

2. Lesen Sie so viel wie möglich: Wie so häufig im Leben lernen wir auch einen guten Schreibstil in erster Linie, indem wir guten Schreibstil lesen. Lesen Sie das Streiflicht in der „Süddeutschen Zeitung“, lesen Sie die Klassiker wie Schopenhauer und Hegel, lesen Sie alte wie moderne Romane und Sachbücher, lesen Sie in Deutsch geschriebene Bücher und Übersetzungen. Lesen Sie so viel und so breit gefächert wie möglich: Immer nur eingedeutschte Krimis zu lesen, ist so wie als Maler eine Palette mit nur einer Farbe zu benutzen.

3. Analysieren Sie Schreibstile: Lesen allein hilft bereits, noch mehr jedoch, wenn Sie sich auch intensiv mit dem ein oder anderen Schreibstil auseinandersetzen. Was gefällt Ihnen bei einem Autor und was gefällt Ihnen nicht? Was macht er gut, was macht er schlecht und wie hätten Sie es besser gemacht?

Mit Schreibstil ist dabei im Übrigen nicht nur der Satzbau gemeint, sondern durchaus auch: Wie schreibt er Dialoge, wie etabliert er seine Figuren, wie beschreibt er die Welt, wie erzeugt er Spannung, setzt er auf Cliffhanger und wann und wie erlaubt er komische Momente?

4. Schreiben Sie so viel wie möglich: Eine alte Regel besagt, dass wir etwas zehntausend Mal gemacht haben müssen, um es annähernd perfekt zu beherrschen. Ein Tennisspieler muss eine Vorhand zehntausend Mal schlagen, ein Programmierer zehntausend Stunden programmieren und ein Autor zehntausend Seiten schreiben.

Zugegeben, das ist eine aus der Luft gegriffene Zahl, aber letzten Ende geht es auch nur um eines: Sie können noch so viel lesen, Theorie lernen und analysieren, so lange Sie nicht selbst schreiben, werden Sie Ihr Schreiben nie wirklich verbessern und auf die Probe stellen können. Deshalb: Schreiben Sie so viel wie möglich! Wenn Sie noch nicht – oder gerade nicht mehr – an einem eigenen Roman oder Drehbuch arbeiten, dann schreiben Sie eben mal eine Kurzgeschichte, einen Essay oder gar einen Zeitungsartikel!

Es spielt keine Rolle, was Sie schreiben oder ob Sie im Nachhinein etwas damit anfangen können: Jeder geschriebene Satz hilft Ihnen, sich zu verbessern und vielleicht sogar den eigenen Horizont zu erweitern. Selbst wenn Sie sich auf Romane festgelegt haben, probieren Sie zwischendurch einfach mal etwas anderes, ein Drehbuch für einen Kurzfilm oder ein Gedicht – jede neue Erfahrung ist hier eine gute Erfahrung!

Der Ablauf des Schreibens

Manche Autoren schreiben einfach gerne drauflos. Andere greifen zu ihrer Outline oder ihrem Treatment, erinnern sich an die Stoffentwicklung zurück und schreiben eine Szene oder ein Kapitel, wie sie es schon lange im Kopf hatten. Wieder andere brauchen ein gewisses „Template", einen festen Ablauf für Szenen und Kapitel – und um einen solchen Ablauf soll es hier zu guter Letzt gehen.

Denn selbst wenn man in der Entwicklung alles geplant hat und auf eine recht gute Outline zurückgreifen kann, ist die Verlockung immer noch groß, einfach mal loszulegen und abzuwarten, was passiert. Das kann gutgehen, aber manchen ist es hilfreich, sich zunächst zu vergegenwärtigen, was gerade eigentlich gefragt ist.

Die folgende Checkliste kann man vor dem Schreiben einer neuen Szene oder eines Kapitels grob abarbeiten, um ein klares Ziel vor Augen zu haben:

1. Was ist der Sinn dieser Szene oder dieses Kapitels? Was muss passieren?

2. Was ist das Ziel des Protagonisten, was ist hier sein Hindernis?

3. In welchem mentalen Zustand befinden sich die Figuren? Was ist zuvor passiert?

4. Wie versucht der Protagonist, unter Berücksichtigung der Situation, des Risikos, seines Charakters, aber auch seines mentalen Zustandes, sein Ziel zu erreichen? Gibt es neben der naheliegenden Möglichkeit vielleicht noch eine andere, bessere?

5. Stellen Sie sich die Szene vor: Zunächst nur das Setting, die Atmosphäre, dann die Figuren und ihren Gemütszustand. Versuchen Sie, das erste Bild zu visualisieren! Was sehen Sie?

6. Spielen Sie die Szene mehrmals vor ihrem geistigen Auge durch: Zunächst vielleicht sogar ohne Worte, dann lassen Sie Ihre Figuren reden! Was sagen sie? Nach vier, fünf Durchläufen beginnen die Dialoge besser zu klingen, bekommen Schliff.

7. Machen Sie sich entweder ein paar Stichpunkte während der Visualisierung oder schreiben Sie die Szene nach ein paar Durchläufen direkt runter!

8. Lesen Sie die Szene nach dem Schreiben durch, feilen Sie an ein paar Sätzen, solange Sie sich mental noch in ihr befinden, und gehen Sie dann zur nächsten über!

Mit der Zeit werden Sie vermutlich Ihren eigenen Ablauf entwickeln, der für Sie am besten funktioniert. Das mehrfache Durchspielen und das Vergegenwärtigen von Umständen sowie Zielen hilft jedoch insbesondere zu Beginn sehr, eine Szene gradlinig und stimmig zu schreiben.

Geschichten überarbeiten

Es ist geschafft: Nach wochen- oder gar monatelanger Planung und einigen weiteren Wochen bis Monaten des fleißigen Schreibens umfasst Ihr Text-Dokument über hundert Seiten und Sie schreiben zu guter Letzt die wohl schönsten vier Buchstaben der Welt darunter: „ENDE“. Sie sind glücklich, vielleicht auch ein klein wenig erleichtert und würden am liebsten erst mal feiern gehen. Tun Sie das – denn die wohl anstrengendste Arbeit liegt noch vor Ihnen!

Zuvor jedoch ist ein wenig Abstand nicht verkehrt; zum einen, um neue Energie zu schöpfen, zum anderen, um das Geschriebene besser und möglichst objektiv einschätzen zu können. Wie viel Abstand Sie benötigen, liegt bei Ihnen, in der Regel kann die Kreativpause aber durchaus zwei bis vier Wochen betragen. Ziel dieser Pause ist es nämlich nicht zuletzt, möglichst viele Details Ihres Werkes zu „vergessen“, um die Geschichte somit mehr aus den Augen eines potentiellen Lesers sehen zu können.

Wie Sie diese Kreativpause nutzen, bleibt natürlich ebenso Ihnen überlassen. Vielleicht möchten Sie sich einfach nur eine Weile entspannen und zur Abwechslung mal wieder etwas konsumieren, vielleicht – und so geht es vielen Autoren – haben Sie beim Schreiben aber bereits so viele Ideen für ein potentielles nächstes Projekt bekommen, dass Sie sich sofort in die Planungsphase dafür begeben wollen. Das ist okay, solange Sie anschließend wieder zum vorigen Werk zurückkehren und nicht den Fehler vieler angehender Autoren machen, irgendwann ein halbes dutzend halbfertiger Geschichten in der Schublade oder im Dokumente-Ordner zu haben.

Wenn Sie sich schließlich wieder in der Lage fühlen, Ihr Buch oder Drehbuch mit frischen Augen zu sehen, folgt:

Die erste Überarbeitung: Setting und Plot

Vorweg: Es gibt selbstverständlich verschiedene Techniken, wie man eine Geschichte überarbeitet, und jeder Autor wird mit der Zeit herausfinden, was für ihn am besten funktioniert. Das Augenmerk liegt jedoch beim Überarbeiten ähnlich wie bei der Planung auf Charakter, Setting, Plot und nun auch auf den Dialogen, weshalb sich drei große Überarbeitungen anbieten – und für den Einstieg möchte ich Ihnen diese Methodik sehr ans Herz legen.

Die erste Überarbeitung kann am Computer ausgeführt werden, Sie können Ihr Werk aber auch auf einen eBook Reader oder ein Tablet übertragen. Wählen Sie einfach die Plattform, auf der Sie am besten lesen können, holen Sie sich Zettel & Stift und dann: Lesen Sie!

Lesen Sie die komplette Geschichte von vorne bis hinten, konzentrieren Sie sich dabei zunächst vorrangig auf den Plot und notieren Sie alles, was funktioniert und was nicht funktioniert: Wo gibt es Lücken, was erschließt sich beim Lesen nicht, wo mangelt es an Spannung, wo könnte es etwas Action gebrauchen und was liest sich schon recht flüssig?

Lassen Sie Charaktere und Dialoge dabei zunächst weitgehend außen vor, denn um die kümmern wir uns in der zweiten und dritten Überarbeitung. Der Grund dafür ist simpel: Der Plot ist nun das Fundament Ihrer Geschichte und jede Veränderung am Plot zieht auch Veränderungen an Charakteren sowie Dialogen nach sich. Es ergibt schlichtweg keinen Sinn, sich in der ersten Überarbeitung schon den Gesprächen zu widmen, wenn ein großer Teil davon womöglich noch gestrichen oder inhaltlich umgeschrieben werden muss. Ganz konkret sollten Sie bei der ersten Überarbeitung und dem ersten Lesen auf folgende Punkte achten:

- Funktioniert die Struktur? Werden Ziel, Hindernisse und Fallhöhe klar definiert?

- Weiß der Leser jederzeit, was der Protagonist erreichen will / muss und was auf dem Spiel steht?

- Kommen Sie zu Beginn schnell genug zur Sache? Wirft der Anfang genügend Fragen auf?

- Wartet der Mittelteil mit genügend kleinen Zielen und Hindernissen auf, um ihn interessant zu gestalten?

- Ist das Ende eindeutig und unausweichlich?

- Gibt es Logiklücken?

- Halten sich ruhige und spannende oder lustige Momente einigermaßen die Waage? Selbst der aufregendste Thriller braucht ein paar Verschnaufpausen, selbst das ruhigste Buch ein bisschen Nervenkitzel.

- Welche Momente, Szenen, vielleicht sogar ganze Nebenplots, sind überflüssig?

Insbesondere mit der letzten Frage, also dem Kürzen und Streichen, tun sich viele Autoren schwer: Muss man denn unbedingt etwas streichen, das man mit so viel Aufwand geschrieben hat?

Die Antwort lautet: Ja, unbedingt! Kein Buch und kein Drehbuch ist nach dem ersten Entwurf schon so schlank, wie es sein könnte und es gibt nur wenig, das wir als Leser so störend empfinden wie überflüssige Worte. Gehen Sie daher unbedingt kritisch mit Ihrem eigenen Werk um und notieren Sie auch alles, was in der Geschichte nur Füllwerk ist, keinen echten Zweck erfüllt.

Eine häufige Ausrede beim Kürzen ist: „Ja, die Szene ist für die Geschichte vielleicht nicht wichtig, aber sie ist so lustig, so spannend. Sie liest sich so gut, kann ich sie nicht einfach drin behalten?“ Können Sie – indem Sie sie überarbeiten.

Wenn eine Szene wirklich so lustig oder so spannend ist, dann geben Sie Ihr einen Sinn und machen Sie sie somit unverzichtbar! Denn auch die spannendste Szene hinterlässt beim Leser ein ungutes, unerfülltes Gefühl, wenn sie keine Bedeutung hat und der Held an ihrem Ende keinen Schritt weiter ist als zuvor.

Das wesentliche Ziel des ersten Lesens ist es, schlichtweg einzuschätzen, was Ihre Geschichte bereits gut macht und woran Sie unbedingt noch arbeiten müssen. Nicht selten lernen Sie dabei erst, was Ihre Stärken sind, was Ihnen an Ihrer Geschichte eigentlich gefällt und womit Sie als Autor selbst nicht so recht zufrieden sind, wo Sie noch Schwächen aufweisen.

Haben Sie Ihr Werk ein erstes Mal durchgelesen und sich all die Schwächen notiert – und es sind vermutlich viele -, ist es sinnvoll, diese Probleme grob zu kategorisieren: Die ein oder andere Logiklücke können Sie vermutlich in ein paar Minuten mit wenigen zusätzlichen Sätzen direkt im Buch schließen, während Sie für die größeren Probleme länger nach Lösungen und Alternativen suchen müssen.

Die häufigsten Probleme des Plots sind: „Das ergibt keinen Sinn“, „Das wirkt unglaubwürdig“ und „Die Hindernisse sind nicht groß genug“, wobei die ersten beiden Probleme oft unmittelbar mit dem letztgenannten zusammenhängen, denn, wie schon zuvor angesprochen, tun wir uns oft damit schwer, den Protagonisten wirklich leiden zu lassen.

Wir wollen ihn zwar heldenhaft sehen, ihm Hindernisse vor die Füße werfen, aber bitte nicht zu viele, schließlich mögen wir ihn doch – und genau das ist ein Problem. Haben Sie den Mut, Ihren Protagonisten am Boden zu sehen, denn sein Aufstehen wird anschließend um so schöner sein!

Nahezu alle anderen Probleme des Plots lassen sich lösen, indem Sie zur Struktur aus der Planung zurückkehren und Ihre Idee mit der Umsetzung vergleichen: Wenn Struktur und Tempo in Planung und Outline stimmten, werden sie mit ein paar Kürzungen hier und ein paar Tempoverschärfungen da nach der Überarbeitung auch im fertigen Roman oder Drehbuch funktionieren!

Dennoch fühlen sich viele Erstautoren an diesem Punkt oft ein wenig verloren: Die Liste der potentiellen Probleme ist lang, der erste Entwurf klingt bei Weitem nicht so gut, wie sie sich das vorgestellt hatten – und, ehrlich gesagt, ist diese neue Idee da im Hinterkopf, die sie im Verlaufe des Schreibens bekommen haben, viel faszinierender. Sollte man das erste Buch nicht einfach als Übung verbuchen und zum zweiten übergehen?

Ja und nein: Es ist nie verkehrt, sein allererstes Werk mehr als Training denn als potentielles Meisterwerk zu betrachten – auch ein Maler würde bei seinem ersten Bild vermutlich nicht davon ausgehen, es für zehn Millionen Euro an den Mann zu bringen. Doch die Überarbeitung ist ein ganz elementarer Schritt, der zum Schreiben eines Buchs oder Drehbuchs dazugehört und nicht übersprungen werden sollte, denn auch er will gelernt werden!

Sie sollten daher immer versuchen, das Bestmögliche aus Ihrem Werk herauszuholen, selbst gröbste Schwächen lassen sich in der Regel mit etwas Aufwand beheben, wenn Sie in der Planung gut gearbeitet haben.

Mangelt es zu diesem Zeitpunkt einfach an Motivation, dann kramen Sie heraus, was Sie zu Beginn einst für sich notiert haben: Warum will ich diese Geschichte erzählen, was macht sie zu etwas Besonderem und was finde ich spannend an ihr? Rufen Sie sich ins Gedächtnis, was Sie ursprünglich an der Idee fasziniert hat, und versuchen Sie dann, selbiges aus dem ersten Entwurf herauszukitzeln, so chaotisch er auch sein mag.

Die zweite Überarbeitung: Charaktere

Auch diese Überarbeitung können Sie problemlos am Computer oder mit Hilfe von eBook Reader oder Tablet durchführen, wobei der Fokus nun auf den Charakteren liegen sollte:

- Ist die Veränderung des Helden ersichtlich?

- Wird zu Beginn etabliert, was sein Problem ist und wie es ihn daran hindert, seine Ziele zu erreichen?

- Verhalten sich die Figuren stimmig und glaubhaft, gemäß ihres Charakters?

- Sind Ihre Figuren mehr als Stereotypen und Klischees, können sie den Leser oder Zuschauer überraschen?

- Gibt es überflüssige Figuren oder Figuren, die nur aus dem Grund existieren, den Protagonisten (und Leser) mit Informationen zu versorgen?

- Deuten sich sämtliche Veränderungen und Charakterzüge im Voraus an?

Auf den ersten Blick unterscheidet sich das zweite Lesen abgesehen von dem verschobenen Fokus nicht wesentlich von dem ersten, doch die Form der Überarbeitung ist hier in der Regel eine andere: Nicht selten empfiehlt es sich bei den Charakteren nämlich, rückwärts zu arbeiten!

Ein simples Beispiel: Vielleicht muss Ihr Held im dritten Akt, also kurz vor Schluss, ein Schloss knacken, um dem Antagonisten nachjagen zu können. In Ihrem ersten Entwurf knackt er das Schloss womöglich einfach, weil er sich daran erinnert, wie er es in zig Filmen gesehen hat. Das mag möglich sein, besonders kreativ und glaubwürdig ist es so aus dem Nichts kommend jedoch nicht.

Anstatt diese Szene deshalb nun umzuschreiben, ist es oft sinnvoller, dem Charakter dieses Wissen einfach im Voraus an die Hand zu geben – indem Sie ihn bereits im ersten Akt ohne Druck ein Schloss knacken lassen und zeigen, dass er es kann. Vielleicht erzählen Sie, dass er es in seiner Jugend gelernt hat, vielleicht war er in einer Bande oder aber er wurde als Kind immer zur Strafe von seinen Eltern in sein Zimmer eingeschlossen und hat es deshalb gelernt. Oder er bringt es sich zu Beginn erst bei, weil er in seinen abgeschlossenen Keller muss und den Schlüssel verloren hat – egal! Hauptsache, die Fähigkeit wird im Voraus etabliert.

Das mag ein bisschen „betrügerisch“ wirken: Kann ich meinen Figuren einfach so Fähigkeiten geben, die sie zu Beginn nie haben sollten? Aber natürlich! Es sind Ihre Charaktere, sie entstehen zumindest zum Teil erst im Laufe der Geschichte vor Ihren Augen und der Leser wird nie erfahren, dass Sie rückwärts gearbeitet haben. Im Gegenteil, er wird Sie sogar dafür bewundern, dass Sie schon zu Beginn des Buches eine Fähigkeit eingebaut haben, die erst ganz am Ende von Bedeutung ist. So viel Weitsicht beim Schreiben, Wahnsinn, das zeugt von einem wirklich begabten Autor!

In Wirklichkeit arbeitet so gut wie jeder Autor so; was oft als Foreshadowing verstanden wird, als Ausblick auf im späteren Verlauf folgende Entwicklungen, Situationen und Fähigkeiten, ist erst beim Umschreiben durch das rückwärts gewandte Arbeiten entstanden. Tun Sie das auch!

Die dritte Überarbeitung: Dialoge

Wir nähern uns langsam dem Ende und mit der dritten Überarbeitung merken wir das – denn anders als bei den ersten beiden Überarbeitungen sollten Sie die dritte auf Papier ausführen! Anstatt also den Text nur auf einem Bildschirm zu lesen, drucken Sie Ihr gesamtes Werk auf Papier aus (falls Sie Papier sparen wollen, drucken Sie zwei Seiten auf eine) und arbeiten direkt am Text mit der Hand.

Die Überarbeitung auf Papier hat drei Vorteile: Zum Ersten nimmt man Fehler besser und schneller wahr, zum Zweiten fühlt sich das Arbeiten mit Papier schlicht echter und näher am Ergebnis an und zum Dritten gilt diese Überarbeitung in erster Linie den Dialogen, die sich anders als Charakter und Plot schnell und direkt überarbeiten lassen. Das Lesen rückt in dieser dritten Überarbeitung also ein wenig in den Hintergrund.

Auf Folgendes sollten Sie beim Überarbeiten der Dialoge ganz besonders achten:

1. Wird nur gesagt, was gesagt werden muss?
Das Vermeiden von Wiederholungen und das Aussprechen von Informationen, die anderen Figuren bekannt sein sollten, haben wir bereits genannt, doch genauso wie beim Plot gilt auch bei den Dialogen: Sagen Sie so viel wie nötig mit so wenigen Worten wie möglich! Anders formuliert: Überlegen Sie immer, ob ein Dialog wirklich notwendig ist, ob die Aussage nicht auch einfach gezeigt werden könnte oder ob die Information nicht gar redundant ist.

2. Entspricht jede Aussage der Weltsicht der Figur?
Auch erfahrene Autoren kennen mitunter die Verlockung, ihre Figuren etwas sagen zu lassen, weil es unglaublich lustig oder dramatisch ist, aber eigentlich nicht ihrem Charakter entspricht. Bei Nebenfiguren, deren Charakter nicht so präzise etabliert ist, kann man damit durchkommen, Ihre Hauptfiguren sollten jedoch nur sagen, woran sie wirklich glauben – Figuren, die gerne bewusst provozieren und sich verstellen, sind davon natürlich in gewisser Weise ausgenommen.

3. Gehen Ihre Figuren aufeinander ein?
Unmittelbar an die Frage nach der Weltsicht schließt sich die Frage nach dem Zusammenspiel der Figuren an: Reden sie wirklich miteinander in einem lebhaften, authentischen Dialog oder geben Sie lediglich Informationen wieder, die der Leser benötigt? Lebendige Dialoge leben zu einem gewissen Grade auch von dem gegenseitigen Unterbrechen, von Zwischenrufen, von dem Beenden eines Satzes des Gesprächspartners und, und, und. Versuchen Sie, Dialoge zu hören, nicht zu schreiben!

4. Prüfen Sie Ziel und Konflikt!
Wie schon zuvor angesprochen: Wenn Dialoge vollkommen belanglos klingen, dann fehlt ihnen häufig ein klarer Konflikt, der aus den unterschiedlichen Zielen der Gesprächsteilnehmer resultiert. Überprüfen Sie, was diese Ziele sind, welchen Konflikt sie auslösen und wie Ihre Figuren damit umgehen: Offen und direkt, durch die Blume oder erreichen sie über Umwege, mit unterstützenden Handlungen etwa, ihr Ziel?

5. Sagen Sie es knackig!
Dass Roman- und Filmdialoge nicht realistisch sind, ist uns bereits bekannt, darüber hinaus gilt jedoch auch die ebenso schon zuvor etablierte Regel: Der naheliegende Dialog ist nur selten der beste. Spielen Sie daher gerade bei langen und wichtigen Gesprächen verschieden Optionen durch: Gibt es Möglichkeiten, das Gesprochene dramatischer, spannender, schlagfertiger oder lustiger klingen zu lassen? Mehr Subtext einzuführen, weniger direkt zu sprechen, den Leser mehr mitdenken zu lassen? Dann tun Sie es!

Ein Paar frische Augen

Nach der dritten Überarbeitung sind Plot, Charaktere und Dialoge in der Regel in einem vorzeigbaren Zustand – was bedeutet, dass Sie jetzt darüber nachdenken sollten, Ihr Werk vorzuzeigen, wenn auch noch nicht unbedingt Verlagen oder Produzenten. Dennoch ist es nun an der Zeit, ein Paar frische Augen – oder auch mehrere Paare – einen Blick auf Ihr Buch oder Drehbuch werfen zu lassen, um ehrliches und offenes Feedback einzuholen.

Das ist gar nicht so einfach, denn üblicherweise wendet man sich zunächst an Familie und Freunde, die jedoch zum einen relativ wenig vom Schreiben verstehen (im Falle von Drehbüchern oft nicht einmal das Format kennen) und von denen Sie zum anderen keine wirklich offene Kritik erwarten dürfen. Lektoren, also professionelle Berater, sind in der Regel teuer und stellen daher häufig ebenfalls keine Option dar.

Eine Patentlösung gibt es nicht, ein sinnvoller Ausweg kann es jedoch sein, sich schon im Voraus beim Schreiben gleichgesinnte Autoren zu suchen, also Kontakte zu knüpfen, mit denen Sie sich über das Schreiben an sich austauschen können, denen Sie aber auch Ihr Werk anvertrauen würden, um offene Kritik und Verbesserungsvorschläge zu erhalten – vielleicht im Austausch gegen eine Einschätzung eines Werkes des anderen Autors.

Die letzte Überarbeitung: Politur

Nachdem Sie schließlich drei große Überarbeitungen hinter sich, Anregungen eingeholt und Verbesserungsvorschläge kritisch abgewogen haben, folgt die letzte Überarbeitung, auch als „Polish“ oder eben „Politur“ bekannt. Hier geht es wirklich nur noch darum, ein letztes Mal das gesamte Werk auf kleine Schwächen hin zu überprüfen, hier mal ein Wort oder einen Satz zu streichen, da einen Dialog etwas knackiger zu gestalten und dort einen Moment früher aus einer Szene herauszugehen, einen besseren Übergang zu erschaffen.

Im Wesentlichen achten Sie bei der Politur also auf den Schreibstil sowie den Lesefluss, wobei vor allem bei Ihren Dialogen auch das laute Vorlesen von Vorteil sein kann: Erst wenn Sie die Worte gesprochen hören, nehmen Sie etwaige Stolpersteine wirklich wahr.

Haben Sie die Politur hinter sich, können Sie den nächsten Schritt wagen: den Einstieg ins Business!

Das Schreibbusiness

Wenn Sie bereits ein Buch veröffentlicht oder ein Drehbuch an einen Produzenten verkauft haben, können Sie dieses Kapitel vermutlich überspringen, weil Sie wissen, wie das Geschäft läuft, und weil für Sie als veröffentlichter Autor ohnehin etwas andere Regeln gelten. Wir wollen uns hier allein damit beschäftigen, wie man als Erstautor ein fertiges Buch oder Drehbuch an den Mann bringt – oder zumindest Verlage und Produzenten dazu bringt, sich den eigenen Vorschlag anzuhören und ihn zu lesen, was nicht selten der weitaus schwierigere Schritt ist. Da für Bücher und Drehbücher etwas unterschiedliche Voraussetzungen existieren, besprechen wir hier natürlich beide Seiten, beginnen zunächst aber mit dem, was für Bücher und Drehbücher weitgehend identisch ist: das Exposé.

Ein Exposé schreiben

Sowohl Buchverlage als auch Filmproduzenten verlangen beziehungsweise wünschen sich bei der Einsendung von Manuskripten fast immer auch ein Exposé, das ihnen eine kurze Einschätzung des Werkes – und in gewisser Weise des Autors – ermöglicht und zum Teil tatsächlich schon darüber entscheidet, ob auf das Manuskript überhaupt ein Blick geworfen wird oder nicht. Das Exposé ist in gewisser Weise der erste Eindruck, eine kurze Vorstellung, auf die jedoch im schlimmsten Fall kein zweiter Eindruck folgt – weshalb dem Exposé eine enorme Bedeutung zukommt.

Was genau ist also das Exposé und wie sollte man es schreiben, um den Lektor oder Produzenten zum Weiterlesen zu bewegen?

Nun, im Grunde ist ein Exposé nichts anderes als der Text, den Sie auf der Rückseite eines Buchs oder einer DVD finden würden, nur etwas ausführlicher: Das Exposé gibt eine grobe Vorstellung von Inhalt und Genre, stellt die Prämisse vor, wirft ein paar Fragen auf, lässt deren Antwort jedoch üblicherweise offen – schließlich soll der Leser noch einen Grund haben, das Manuskript zu lesen.

Ein Exposé ist keine reine Inhaltsangabe, zugleich aber auch kein nichtssagender Werbetext: Der Leser muss ein klares Gefühl dafür bekommen, was Ihre Geschichte ist, was ihn erwartet und warum er sie lesen sollte. Ein reines Herunterrattern des Inhalts langweilt, übertriebene Werbesprüche mit zahllosen Adjektiven sind jedoch ebenso fehl am Platz.

Für das Exposé ist es vielmehr sinnvoll, einen Blick zurück in die Planungsphase zu werfen: Was hat Sie zu Beginn an dieser Idee begeistert? Was war die Prämisse, der Pitch und wie lässt er sich auf etwa einer DIN-A4-Seite möglichst schnell und spannend auf den Punkt bringen?

Darüber hinaus ist es durchaus nicht unüblich, die eigene Geschichte im Exposé mit anderen bekannten und natürlich erfolgreichen Werken zu vergleichen, um auch einen kleinen Wink mit dem Zaunpfahl bezüglich der kommerziellen Möglichkeiten Ihres Werks abzugeben. „Eine Geschichte, die, wie Titanic, Abenteuer und Liebe verbindet“, das kommt selten verkehrt.

Die vielleicht wichtigste Aufgabe des Exposés ist jedoch, dem Leser aufzuzeigen, was Ihr Buch oder Drehbuch zu etwas Besonderem macht. Ist es aufgrund seines Themas aktuell und relevant? Ist es eine Geschichte voller überraschender Twists und Wendungen? Oder sind es die Figuren, die sich so nah an der Realität bewegen, dass sich jeder mit ihnen identifizieren kann und will?

Geben Sie dem Empfänger einen klaren Grund, warum er von den über hundert Einsendungen im Monat ausgerechnet Ihr Werk lesen sollte! Was macht Ihre Geschichte besser, was können Sie als Autor besser als andere Autoren?

Bescheidenheit oder gar Demut mögen sympathische Charakterzüge sein. In einem Exposé, das letzten Endes nichts anderes als ein Verkaufsgespräch darstellt, sind sie falsch aufgehoben. Das bedeutet natürlich nicht, dass Sie arrogant und überheblich wirken sollten, denn auch vor solchen Autoren schrecken Leser zurück, aber ein gesundes Maß an Selbstvertrauen sollte aus dem Exposé herauszulesen sein.

Es gibt keinen wirklichen formalen Aufbau, wie ein Exposé exakt auszusehen hat, grob möglich wäre aber zum Beispiel:

- 1. Absatz: Die Prämisse, worum geht es genau in der Geschichte?
- 2. Absatz: Die Entwicklung, welchen Verlauf nimmt sie und welchen Tonfall schlägt sie dabei ein?
- 3. Absatz: Was macht Ihre Geschichte besser als andere Geschichten, warum ist sie relevant?
- 4. Absatz: Wen interessiert sie und womit lässt sie sich vielleicht vergleichen?

Wie gesagt: Das ist nur eine ganz grobe Aufteilung und eine Möglichkeit von vielen. Grundsätzlich ist es nicht verkehrt, den „Verkaufspitch“ an ein paar Freunden und Verwandten im echten Leben auszuprobieren: Erklären Sie Ihnen anhand von ein paar zuvor zurechtgelegten Stichpunkten, wovon Ihre

Geschichte erzählt und was daran spannend ist. Anhand der Reaktionen lässt sich durchaus ablesen, was in dem Exposé gut aufgehoben wäre und was nicht.

Gerne wird zudem die Frage gestellt, ob es nicht sinnvoll ist, anderweitig aufzufallen: Indem man das Exposé auf rotem Papier und in Comic Sans druckt, es in Gedichtform schreibt oder ein riesiges Logo aufs Drehbuch klatscht, um seine Professionalität unter Beweis zu stellen.

Ein gut gemeinter Rat: Sofern es nicht den perfekten Grund dafür gibt, weil die Verbindung zur Geschichte es gar nicht anders ermöglicht, lassen Sie es sein! Jeder Lektor hat derartige Tricks schon einmal gesehen und man kann kaum anders, als sie als mangelndes Vertrauen des Autors in sein eigenes Werk zu interpretieren.

Ein Buch einem Verlag anbieten

Autoren von Romanen haben gegenüber Drehbuchautoren einen großen Vorteil und einen großen Nachteil: Ihr großer Vorteil ist, dass nahezu alle relevanten Buchverlage klare Regeln für das Einsenden von Manuskripten haben und damit die Chancen sehr gut stehen, dass Ihr Vorschlag zumindest fünf Minuten Zeit bekommt, sich bei einem Lektor zu beweisen. Der große Nachteil ist, dass aufgrund dieser recht offenen Politik unzählige Vorschläge auf dem Schreibtisch eines jeden Lektors oder etwaiger Vorinstanzen landen.

Der erste Schritt sollte jedoch ohnehin die Suche nach einem für Ihr Werk geeigneten Verlag sein. Allein in Deutschland gibt es für jedes Genre zahlreiche Verlage, die größten verfügen zudem häufig über mehrere Labels, unter denen sich nur bestimmte Genres wiederfinden. Dank des Internets ist es heute aber zum Glück kein Problem mehr, innerhalb einer Stunde alle für Sie relevanten Verlage, ihre Anschriften sowie ihre Regeln zum Einsenden von Vorschlägen zu recherchieren. Rufen Sie im Zweifelsfall einfach die Website eines großen Online-Versandhändlers auf, suchen Sie die Bücher eines bestimmten Genres und notieren Sie sich alle Verlage, die Sie in diesem Genre wiederfinden.

Üblicherweise wünschen Verlage neben dem Exposé auch Ihre Vita sowie eine knapp 30-seitige Leseprobe, also einen Auszug aus Ihrem Manuskript. Gemeint sind in der Regel so genannte Normseiten mit 30 Zeilen zu maximal 60 Anschlägen, also etwa 1800 Zeichen. Viele Autoren wählen für die Leseprobe schlichtweg den Anfang Ihres Buches, wenn Sie aber ein, zwei besonders gute, spannende oder lustige Kapitel auf Lager haben, spricht in der Regel auch nichts dagegen, diese einzusenden.

Die Vita gestaltet sich bei Neuautoren hingegen etwas schwieriger, da es sich hierbei um keinen klassischen Lebenslauf handelt, sondern neben ein paar allgemeinen Infos wie Alter, Ausbildung und Beruf vielmehr Interesse an Ihren Fähigkeiten als Autor besteht.

Doch was schreibt man in die Vita, wenn man noch kein eigenes Buch veröffentlicht hat? Darüber gibt es unterschiedliche Meinungen, zweifellos sinnvoll ist es aber, ein Interesse am Schreiben zu implizieren, dass es für Sie nicht nur ein spontanes Hobby ist, sondern Sie es damit ernst meinen. Besuchte Seminare rund ums Schreiben, Teilnahmen an Kursen und Veranstaltungen lassen sich aufführen. Falls Sie mal für eine Webseite oder ein Blog geschrieben haben, kann auch das Erwähnung finden.

Und war da nicht mal diese Kurzgeschichte vor drei Jahren, die Sie zwar nie veröffentlicht haben, aber die Sie immerhin zu Ende geschrieben haben? Listen Sie auch die auf!

All das schicken Sie nun üblicherweise auf dem Postweg an eine handvoll Verlage und dann heißt es: warten! Manchmal bekommen Sie bereits nach ein paar Wochen eine Antwort, manchmal kann es Monate dauern – und Sie müssen sich auch darauf einstellen, dass womöglich die Hälfte der Verlage nie antworten wird. Das mag unhöflich erscheinen, ist letzten Endes aber natürlich der Masse an Einsendungen geschuldet.

Nutzen Sie die Wartezeit, um sich fortzubilden, Ihre Vita aufzubessern oder aber schon die nächste Geschichte zu planen, denn falls sich tatsächlich ein Verlag bei Ihnen melden sollte, um das komplette Manuskript anzufordern, hören Sie nicht selten auch die Frage: Und woran arbeiten Sie derzeit? Hierauf eine gute Antwort zu haben, kann durchaus entscheidend sein, denn viele Buchverlage sind stark an Autoren interessiert, die regelmäßig für sie schreiben.

Ein Drehbuch anbieten

Der Unterschied zum Anbieten von Romanen besteht bei Drehbüchern in erster Linie darin, dass so gut wie keine Filmproduktionsfirma öffentliche Richtlinien dafür hat, was sie bei Einsendungen erwartet. Mittlerweile lehnen einige Firmen sogar grundsätzlich Einsendungen ab, oft mit dem Verweis, komplett ausgelastet zu sein. Da es aber kaum andere Möglichkeiten gibt, sein Drehbuch an den Mann zu bringen (der direkte Weg über einen Sender ist in der Regel noch weniger erfolgversprechend), stellen die Produzenten bis heute die erste Anlaufstelle dar.

Genauso wie bei Romanen sollten Sie auch hier ein paar geeignete Firmen heraussuchen; manche drehen beispielsweise fast nur Krimis, andere romantische Komödien, wieder andere Sozialdramen. An Firmen und Adressen zu kommen, ist nicht wesentlich schwieriger als bei den Buchverlagen: Werfen Sie einen Blick ins TV-Programm, suchen Sie Filme und Serien, die Ihrer Geschichte ähnlich sind, und machen Sie online die zugehörigen Produktionsfirmen ausfindig oder – noch besser – den jeweiligen Produzenten. Richten Sie Ihr Schreiben dann direkt an den Produzenten, auch wenn es ohnehin im Sekretariat abgefangen wird und in einem Lektorat oder bei einem Junior Producer landet.

Elementar sind auch hier das Exposé, die Vita und natürlich eine Leseprobe, die in der Regel den ersten Akt und ein paar Seiten darüber hinaus umfassen sollte, also etwa die ersten 25 bis 30 Seiten Ihres Drehbuchs. Das komplette Drehbuch zu verschicken, wäre Geld- und Papierverschwendung. Es kann jedoch sinnvoll sein, das Drehbuch online zu stellen und den Link im Anschreiben zu nennen, um bei etwaigem Interesse das sofortige Lesen des Drehbuchs zu ermöglichen. Und – je nachdem, wo Sie es online stellen – können Sie sogar nachvollziehen, wie viele Personen darauf zugegriffen haben.

Noch mehr als bei den Buchverlagen gilt zudem: Auf eine Antwort müssen Sie lange warten, häufig erhalten Sie überhaupt keine. Fassen Sie das nicht als persönliche Kritik auf, denn so ergeht es nahezu jedem Neuling.

Mit Absagen und Ablehnung umgehen

Reden wir nicht um den heißen Brei herum: Als Autor – egal ob von Büchern oder Drehbüchern – müssen Sie mit Absagen,

Rückschlägen und Kritik nicht nur einigermaßen gut umgehen können, Sie brauchen eine verdammt dicke Haut!

Viele Autoren erhalten zu Beginn ihrer Karriere nichts anderes als Absagen, sofern ihre Anfragen denn nicht komplett ignoriert werden, und selbst als erfahrener, veröffentlichter Autor muss man sich häufig mit Kritik oder gar Anfeindungen auseinandersetzen. Es gibt immer irgendjemanden, der Ihre Arbeit auf den Tod nicht ausstehen kann, und wenn es sich dabei „nur" um Leser handelt, ist das noch der beste Fall: Insbesondere in der Filmbranche fällt die Kritik auch von Geschäftspartnern, also von Produzenten, Redakteuren und Sendern, vielmals nicht gerade freundlich aus.

Darüber kann man sich vielleicht mit seinen Erfolgen und den Einnahmen hinwegtrösten, doch wie reagiert man in der Anfangsphase als noch unveröffentlichter Autor, wenn jeder Vorschlag auf Ablehnung stößt oder überhaupt keine Rückmeldungen eintreffen? Wie behält man die Motivation, wenn man das Gefühl hat, einfach nicht in die Branche hineinzukommen?

Nun, zunächst einmal ist es sinnvoll, sich vor Augen zu halten, dass Sie nicht alleine sind: Tausenden Autoren in Deutschland ergeht es so und auch heute erfolgreiche Autoren sind zu Beginn ihrer Karriere häufig und wiederholt auf Ablehnung gestoßen.

Darüber hinaus sollten Sie versuchen, Absagen richtig einzuordnen: Handelt es sich um eine Standardabsage ohne jegliche Informationen darüber, warum Ihr Vorschlag nicht auf Interesse gestoßen ist? Dann sollten Sie das Schreiben schlichtweg ignorieren, weil Sie daraus keine Schlüsse für sich ziehen können, weder zum Guten noch zum Schlechten. Vielleicht hat man Ihren Vorschlag überhaupt nicht gelesen, vielleicht passte das Genre nicht, vielleicht hatte der Lektor auch nur einen schlechten Tag.

Härter können hingegen begründete Absagen treffen, die gezielt Schwächen und Probleme in Ihrem Vorschlag ansprechen und aufzeigen – doch diese Absagen sollten zugleich eine Chance sein. Zum einen kann es Ihnen die Befriedigung geben, dass sich tatsächlich jemand mit Ihrem Werk auseinandergesetzt hat (und seien wir ehrlich: Das ist immer noch besser als überhaupt nicht gelesen zu werden!), zum anderen können Sie aus der Kritik vielleicht sogar ein paar Ideen oder eine Anregungen beziehen.

Wenn die Kritik zu einem gewissen Grade berechtigt oder nachvollziehbar ist, können Sie sie als Ansatz verwenden, an diesen Problemen zu arbeiten, auf diese Schwächen zu achten und sich so zu verbessern.

Natürlich reagiert jeder Autor, jeder Mensch, anders, weshalb es kein Allheilmittel für die Ablehnung gibt. Wie in nahezu allen anderen Bereichen des Lebens auch, sollten Sie die Kritik jedoch als Chance sehen und sich ein wenig mit ihr auseinandersetzen. Vielleicht stellt sie sich dabei für Sie als unberechtigt heraus, dann haben Sie nichts falsch gemacht. Vielleicht können Sie sie aber auch dazu verwenden, Ihren eigenen Horizont zu erweitern.

Und halten Sie sich dabei immer vor Augen: Sie sind nicht alleine. Lassen Sie sich also nicht entmutigen!

Wie wichtig sind Kontakte?

Sie glauben, das beste Drehbuch der Welt geschrieben zu haben, und doch scheint sich keiner dafür zu interessieren. Wie kann das nur sein, fragen Sie sich, und die naheliegende Antwort darauf lautet in den meisten Fällen: „Tja, ich habe halt keine Kontakte, in der Branche läuft alles nur mit Vitamin B."

Damit liegen Sie in der Filmbranche leider tatsächlich nicht ganz falsch. Sender und Produzenten arbeiten gerne und in erster Linie mit Autoren, die sie bereits kennen, während hunderte Vorschläge von noch namenlosen Autoren nicht gelesen werden, so gut sie auch sein mögen.

Der Einstieg in die Filmbranche ohne Kontakte ist ein schwieriges Unterfangen, was jedoch nicht bedeuten soll, dass es mit Kontakten leicht wäre: Selbst Absolventen von Filmschulen bekommen häufig keine Aufträge und müssen sich mit anderen Jobs über Wasser halten.

Dennoch ist es für Drehbuchautoren sinnvoll oder gar elementar, möglichst viele Kontakte in die Branche zu knüpfen. Am einfachsten funktioniert das – ein echtes Studium an einer Filmschule ausgenommen – mit dem Besuch möglichst vieler Seminare, wo Sie nicht nur auf gleichgesinnte Autoren, sondern auch auf Dramaturgen und Produzenten treffen können. Ebenso finden sich im Internet vereinzelt Netzwerke von Autoren und anderen Filmschaffenden, denen persönliche Kontakte aber natürlich vorzuziehen sind.

Für Autoren klassischer Bücher hingegen spielen Kontakte eine geringere Rolle. Selbstverständlich kann es auch hier hilfreich sein, jemanden zum Beispiel von Seminaren zu kennen, grundsätzlich aber ist der Einstieg auch aufgrund des offeneren Einsendungssystems bei den zahlreichen Verlagen einfacher. Der Name und die Vita des Autors lassen sich natürlich nie gänzlich aus der Gleichung ausklammern, doch es wird stärker nach neuen Schriftstellern gesucht und die Qualität des Werks ist von größerer Bedeutung als beim Film. Was selbstredend auch darin begründet liegt, dass in einen Film ein immerhin siebenstelliger Betrag gesteckt werden muss, während die Veröffentlichung eines Buches vergleichsweise günstig und damit weniger risikoreich ist.

Mit Verlagen und Produzenten umgehen

Die gute Nachricht vorweg: Buchverlage wissen Sie als Autor in der Regel zu schätzen und behandeln einen daher, wenn es zu einer Kontaktaufnahme kommt, überwiegend fair. Natürlich reicht ein einziger Roman so gut wie nie aus, um reich zu werden oder auch nur anständig davon leben zu können, doch wenn der Erfolg nicht völlig ausbleibt, dürfen Sie auf weitere Veröffentlichungen hoffen.

Zudem gestaltet sich die Arbeit mit dem Verlag am eigenen Buch meistens sehr angenehm und Lektoren wissen den Aufwand, der hinter einem Roman steht, zu schätzen. Sofern Sie ein gesundes Maß an eigener Vision sowie Kompromissbereitschaft mitbringen, steht hier der Veröffentlichung nach einem bekundeten Interesse des Verlags üblicherweise nichts ernsthaft im Wege. Es mag Ausnahmen geben, doch in den meisten Fällen ist der Buchverlag als echter Partner anzusehen, der das Beste aus Ihrem Werk herausholen und es dann mit Ihnen gemeinsam auf den Markt bringen will.

Leider kann man von Filmproduktionsfirmen nicht das Gleiche behaupten, denn die erwarten häufig, dass Sie über mehrere Monate hinweg unentgeltlich (!) ein Drehbuch nach ihren ständig wechselnden Wünschen umschreiben, es werden Kollegen, Lektoren und Dramaturgen hinzugezogen, sie „pfuschen“ womöglich selbst an Ihrem Werk herum und am Ende der kostenlosen Arbeit steht im schlimmsten Fall: nichts.

Das ist nicht nur frustrierend, es grenzt an Ausbeutung, ist in vielen Fällen insbesondere bei neuen Autoren aber leider die Regel. Es ist leicht, zu sagen, man solle dieses Spiel nicht mitspielen, doch wenn es als die einzige Chance auf einen Einstieg in die Branche angesehen wird, fällt es schwer, den guten Willen auch in die Tat umzusetzen.

Dennoch sollte und muss es für auch für Drehbuchautoren Grenzen geben. Lassen Sie sich zum Beispiel nicht auf Verträge ein, die der Produktionsfirma sämtliche Rechte am Drehbuch einräumen, sie jedoch gleichzeitig erst zu einer ersten Zahlung zu Drehbeginn verpflichten! Lassen Sie sich nicht auf Verträge ein, in denen Sie der Produktionsfirma eine unbegrenzte Anzahl an Überarbeitungen über einen unbegrenzten Zeitraum hinweg zusichern – dann schreiben Sie unter Umständen ein Jahr lang immer neue Entwürfe, um am Ende doch mit leeren Händen da zu stehen. Über weitere No-Gos kann man sich unter anderem beim Verband Deutscher Drehbuchautoren (www.drehbuchautoren.de) informieren.

Gleichwohl sollten Sie die Produktionsfirma nicht als Feind sehen: Produzenten haben grundsätzlich kaum Zeit und natürlich wollen sie theoretisch, dass etwas dabei herausspringt, wenn sie sich schon Zeit für Ihren Vorschlag und Ihr Drehbuch nehmen. Und wenn Sie mit einem Produzenten eine vertrauensvolle Basis für eine Zusammenarbeit finden, kann das eine Karriere über Jahre hinweg ermöglichen.

Dennoch ist es wichtig, sich nicht zu demütig zu geben, mit einer klaren Vorstellung von der Geschichte und dem daraus zu entstehenden Film in die Zusammenarbeit und Verhandlungen zu gehen. Halten Sie sich vor Augen, dass Sie womöglich ein Jahr Ihres Lebens für dieses Projekt opfern – und nur die wenigsten können es sich leisten, tatsächlich ein Jahr lang ohne Bezahlung und womöglich auch ohne Ergebnis am Ende arbeiten zu können.

Alternative Self-Publishing?

Für Buchautoren, die entweder nicht mit herkömmlichen Verlagen zusammenarbeiten wollen oder aber von ihnen ignoriert werden, scheint sich seit ein paar Jahren eine immer stärker werdende Alternative aufzutun: Das Self-Publishing, also das selbständige Veröffentlichen von Büchern. Innerhalb weniger Tage können Sie Ihr eigenes Buch kostenlos sowohl als eBook als auch gedruckt zum Beispiel online bei Amazon einstellen, darüber hinaus winken trotz niedrigerer Preise wesentlich höhere Einnahmen pro verkauftem Buch. Ein Paradies und die Zukunft für alle Autoren?

Das könnte es tatsächlich sein, wenn es da nicht ein großes und nur sehr schwer zu überwindendes Hindernis gäbe: Als Self-Publisher müssen Sie natürlich auch alle anderen Aufgaben eines Verlags übernehmen, in erster Linie die des Marketings. Und daran scheitern nahezu alle selbst veröffentlichten Bücher. Für teure Werbung ist kein Geld vorhanden, von Rezensenten wird Self-Publishing aufgrund der vermeintlich niedrigen Qualität häufig ignoriert und so gehen auch gute Bücher in der Masse der Veröffentlichungen schlichtweg unter.

Die vermeintlich tollen Margen klingen weitaus weniger toll, wenn ein Buch zwar zwei, drei Euro pro verkauftem Exemplar abwirft, sich aber nur zwanzig Mal verkauft, weil es niemand kennt. Den wenigen erfolgreichen Self-Publishern stehen unzählige erfolglose gegenüber und die Kluft zwischen ihnen ist viel größer als auf dem herkömmlichen Verlagsmarkt.

Vielleicht findet sich mittelfristig eine Lösung für dieses Problem, zur Zeit erscheint es jedoch unwahrscheinlich, hängt dem Self-Publishing doch der Ruf der minderen Qualität nach, der durch die 99-Cent-Preise noch untermauert wird. Wenn Sie mit dem Schreiben Ihren Lebensunterhalt gestalten wollen, ist Self-Publishing daher derzeit de facto noch keine Alternative!

Möchten Sie Ihr Buch dennoch selbst veröffentlichen, was vereinzelt durchaus sinnvoll sein kann, sollten Sie sich in erster Linie darauf konzentrieren, eine Leserschaft dafür zu erzeugen und es angemessen zu bewerben. Am einfachsten ist das mit Hilfe eines Blogs, über das Sie ein paar „Fans" generieren, die dann bei der Veröffentlichung Ihres Buches zu zahlenden Lesern werden und im besten Fall Ihr Werk weiterempfehlen.

Sich als Autor bekannt zu machen, sollte dabei wichtiger sein, als gezielt ein Buch an sich zu bewerben: Werden Sie Experte für das Thema, über das Sie schreiben, geben Sie anderen Blogs Interviews oder bemühen Sie sich um einen Auftritt im Radio oder Lokalfernsehen, um einen Artikel in der örtlichen Zeitung – und wenn es nur das wöchentliche Werbeblatt ist, das vor der Tür liegt.

Der zweite Eckpfeiler des erfolgreichen Self-Publishings ist natürlich die Wertigkeit Ihres Buches, die in erster Linie durch eine saubere Formatierung sowie ein Lektorat zum Ausdruck kommt – denn nur ein sinnvoll aufgebautes und gut leserliches Buch wird auch weiterempfohlen, was beim Self-Publishing das wichtigste Werbemittel darstellt.

Sofern Sie nicht gezielt diesen Weg beschreiten, sollte Ihre erste Anlaufstelle jedoch auch heute noch der gute, alte Buchverlag sein.

Schreiben als Lebensunterhalt

Zugegeben: Die letzten Kapitel klangen nicht besonders optimistisch. Ein Drehbuch zu verkaufen, ist verdammt schwierig, ein Buch selbst zu veröffentlichen, lohnt sich kaum, und auch eine positive Antwort von einem Verlag zu erhalten, ist alles andere als leicht.

Auf der anderen Seite ist Schreiben für viele Menschen jedoch ein Traumberuf und diese Vorstellung will ich Ihnen nicht nehmen: Natürlich gehören auch Stress, Selbstzweifel und Deadlines zum Leben eines Autors dazu, tatsächlich aber können das Gefühl der Freiheit und Flexibilität, die Freude an Kreativität und Selbstverwirklichung überwiegen.

Dennoch mag „Autor" ein Beruf sein, der zunächst auf viel Ablehnung stößt: Ein nettes Hobby vielleicht, mögen Sie von vielen Menschen in Ihrem Umfeld hören, aber doch nichts Richtiges, nichts Handfestes, nichts, womit man seinen Lebensunterhalt bestreiten kann. Was ist, wenn Sie eines Tages keine Ideen mehr haben, nicht mehr schreiben können, keine Geschichten mehr verkaufen?

Auf der einen Seite durchaus berechtigte Fragen, auf der anderen zeigen sie jedoch auch die durchaus ironisch geringe Wertschätzung der Tätigkeit von Autoren: Wir alle wollen unterhalten werden, heute mehr denn je als jemals zuvor in der Geschichte der Menschheit, wir konsumieren so viele Geschichten in Filmen, TV-Serien, Videospielen und Romanen wie nie zuvor – und doch werden Autoren oft belächelt, obwohl es im Bereich der Unterhaltung im Grunde keinen wichtigen Beruf gibt. Regisseure und Schauspieler können ihren Job noch so gut machen, wenn das Drehbuch keine ausreichende Qualität hat, scheitert der gesamte Film daran. Auf der anderen Seite aber kann ein gutes Drehbuch auch über eine mittelmäßige Regiearbeit hinwegtäuschen.

Mit anderen Worten: Lassen Sie sich nicht einreden, es sei etwas Schlechtes, seinen Lebensunterhalt als Autor verdienen zu wollen! Viele Missverständnisse spielen in die Ablehnung dem Beruf gegenüber mit hinein, bei vielen ist es auch Neid, wenn sie von den Freiheiten und flexiblen Arbeitszeiten eines Autors hören, während sie selbst von acht bis siebzehn Uhr im Büro hocken und vierzig Jahre lang einem Job nachgehen, der ihnen im Grunde keine Freude bereitet, reine Qual ist und noch nicht einmal gut bezahlt wird. Es gibt zweifellos sicherere Berufe als den des Autors, aber welcher Beruf – außer der des Beamten – ist in unserer heutigen Zeit noch wirklich sicher? Sie können als Autor scheitern, Sie können jedoch ebenso gut als Anwalt oder Arzt oder Unternehmer kein Geld verdienen. Es gibt kaum noch einen sicheren Beruf – und es ist nicht verkehrt, in unserer modernen Zeit nicht mehr über die Hälfte des eigenen Lebens in einem Job verbringen zu wollen, der einem keine Freude bereitet.

Dennoch stellt sich natürlich die Frage: Wie schafft man es, als Autor seinen Lebensunterhalt zu bestreiten? Wie geht man mit den variablen Einnahmen um, wie schafft man sich einigermaßen regelmäßige Einnahmen und vor allem: An welchem Punkt sollte man seinen alten Job aufgeben und sich gänzlich dem Schreiben, nun, verschreiben?

Beginnen wir mit der letzten Frage: Sofern Sie nicht über ein großes Finanzpolster verfügen, sind Sie vermutlich nicht gut beraten, Ihren alten Job aufzugeben, bevor Sie mindestens ein Buch verkauft haben und dafür bezahlt wurden – zwei Daten, zwischen denen durchaus etliche Monate vergehen können. Es stellt in der Regel kein allzu großes Problem dar, das erste Buch in der eigenen Freizeit neben dem Beruf zu schreiben, wenn man eine gewisse Disziplin an den Tag legt und das Schreiben nicht als Hobby, sondern eher als Zweitjob ansieht. Zwei, drei Stunden am Abend, sowie zwei Nachmittage am Wochenende sind ein guter Start, um ein Gefühl für den Beruf des Autors zu entwickeln sowie einen Roman oder ein Drehbuch in einem angemessenen Zeitraum fertigzustellen.

Wenn Sie einigermaßen schnell tippen können, erreichen Sie in zwei, drei Stunden pro Tag um die 2000 Wörter, was bedeutet, dass Sie den ersten Entwurf in ein bis zwei Monaten vollenden. Zumindest theoretisch, denn natürlich kommt immer mal wieder was dazwischen, an manchen Tagen schreiben Sie vielleicht nur 500, an anderen 3000 Wörter – je nach Stimmung und Motivation.

Auch wenn es Ihr erstes Buch ist und das Schreiben nur in der Freizeit stattfindet, ist es durchaus sinnvoll, sich eine Art Deadline zu setzen, also einen Termin, an dem der erste Entwurf stehen soll. Der häufigste Fehler angehender Autoren ist der vermeintliche Perfektionismus schon im ersten Entwurf, der dazu führt, dass sie immer und immer wieder bereits bestehende Kapitel umschreiben oder sich selbst korrigieren und zensieren, ohne jemals fertig zu werden. Mit einem fixen Termin vor Augen, an dem bei Erreichen vielleicht sogar eine kleine Belohnung winkt, lässt sich dieses Problem in der Regel umgehen. Auch Zwischenziele wie „Heute schreibe ich dieses Kapitel fertig“ oder „Diese Woche erreiche ich noch den Mittelpunkt der Geschichte“ können die Motivation im Falle der Stagnation erhöhen.

Halten Sie sich immer vor Augen: Jemand, der über das Schreiben nachdenkt, ist noch kein Autor – nur jemand, der schreibt, kann sich als solcher bezeichnen und sich dabei stetig verbessern.

Doch auch nach der etwaigen Veröffentlichung eines ersten Buches stellt sich nicht selten die Frage: Kann ich damit meinen Lebensunterhalt bestreiten? Da Zahlen sehr variabel und bei Romanen in der Regel auch vom Erfolg abhängig sind, hier nur eine grobe Vorstellung davon, was Sie erwartet: Wenn Sie allein als halbwegs erfolgreicher Buchautor überleben wollen, müssten Sie theoretisch alle neun bis zwölf Monate ein neues Buch fertigstellen. Als Drehbuchautor kann ein verkauftes und produziertes Drehbuch für einen 90-minütigen TV-Film Sie durchaus zwölf bis achtzehn Monate lang über Wasser halten, bei Kinofilmen liegt die Bezahlung in der Regel etwas niedriger.

Pi mal Daumen bedeutet das: Wenn Sie allein als Buch- oder Drehbuchautor Ihren Lebensunterhalt verdienen wollen, benötigen Sie entweder jedes Jahr ein neues Werk, das sich schnell und ordentlich verkauft – oder aber Sie brauchen einen ganz großen Hit, was vor allem in Deutschland und als deutscher Autor jedoch recht unwahrscheinlich ist.

Die realistischere Alternative ist es daher, eine zweite Einnahmequelle zu erschließen. Einige Autoren verdienen sich als Journalisten mit Artikeln und Reportagen für Magazine ihren tatsächlichen Lebensunterhalt, andere betreiben ein eigenes Blog, das im besten Fall ein paar hundert Euro im Monat in die Kasse spült, wieder andere suchen sich einen kleinen Nebenjob, der nichts mit Schreiben zu tun hat, um ihre kreative Energie nicht zu verschleudern und sich ablenken zu können.

All das ist kein Muss, wenn Sie über ausreichend finanzielle Reserven verfügen oder kein allzu teures Leben führen. Doch insbesondere in der Anfangszeit, also in den ersten zwei, drei Jahren als Autor, empfiehlt es sich, sich nicht allein auf den Erfolg seiner Bücher und Drehbücher zu verlassen, sondern etwas in der Hinterhand zu haben, um auch die finsteren Tage des Autorendaseins überstehen zu können.

Ausbildungen zum Autor

Anschließend an den Lebensunterhalt als Autor auch noch ein paar Worte zu einer etwaigen Ausbildung: Leider gibt es in Deutschland, auch angesichts der mangelnden Akzeptanz des Berufs, nur sehr wenige Möglichkeiten, eine echte und gute Ausbildung als Autor zu genießen.

Die besten Chancen haben angehende Drehbuchautoren, die ihren künftigen, potentiellen Beruf an Filmschulen erlernen können, was ihnen viel Theorie vermittelt und eigentlich auch die notwendigen Kontakte in die Branche einbringen sollte, tatsächlich aber noch lange keine Garantie darstellt, später damit auch Geld verdienen zu können.

Darüber hinaus ist ein Studium an einer Filmschule in der Regel nicht ganz preiswert und kommt ohnehin fast nur für junge Menschen in Frage, die schon zu Beginn ihrer Ausbildung wissen, was sie werden wollen.

Andere Studiengänge wie Germanistik oder Journalismus können zwar unter anderem gutes Deutsch vermitteln, aber bringen Ihnen nur wenig über Geschichten sowie ihre Struktur bei und eröffnen keine Kontakte in die Branche.

Als kleine Alternative haben sich in der Vergangenheit in erster Linie Seminare und Fernkurse etabliert, die ebenso ins

Geld gehen und über deren tatsächlichen Wert man geteilter Meinung sein kann.

Gute Seminare können aber grundsätzlich durchaus ein ganz hilfreiches Mittel sein, um das eigene Wissen rund ums Schreiben zu erweitern und Kontakte zu knüpfen.

Pauschale Empfehlungen für oder gegen einzelne Seminare lassen sich leider nicht abgeben: Der eine mag diese Art von Lehrer, der nächste eine andere Art von Lehrer – und auch die Teilnehmer können maßgeblich über die Qualität der jeweiligen Veranstaltung entscheiden.

Informieren Sie sich online, welche Angebot es in Ihrer Stadt gibt, und probieren Sie eins aus! Die Auswahl ist riesig.

Das Handwerk des Schreibens

Zum vorläufigen Abschluss wollen wir an dieser Stelle noch kurz einen Blick auf das „Handwerk“ des Schreibens werfen. Unter Handwerk verstehen wir in diesem Fall zum einen die Hilfsmittel oder Werkzeuge, auf die ein Autor zurückgreifen kann, zum anderen die „Umstände“ des Schreibens: den besten Ort, die beste Zeit, den besten Ablauf.

Schreiben: Wann, wie und wo?

Vorweg: Selbstverständlich ist jeder Mensch ganz einzigartig, weshalb auch jeder Autor im Laufe der Zeit seine eigenen Vorlieben entdecken und entwickeln wird, wann, wie und wo er am besten schreibt. Wie in jedem anderen Beruf auch sind aber gewisse Rituale fast allen Autoren hilfreich, um ihren Geist auf das Schreiben einzustellen, das Gehirn in den Schreibmodus zu versetzen, wenn man so will.

Wie schon zuvor angesprochen, erscheint es sinnvoll, beim Schreiben auf etwaige Ablenkungen so weit wie möglich zu verzichten. Das bedeutet nicht nur, dass Sie nicht zwischendurch im Internet surfen oder E-Mails lesen sollten, sondern auch, dass Sie sich, wenn möglich, einen Ort suchen, an dem Sie ein wenig von Ihrem Alltag abschalten können. Wenn im Hintergrund der Fernseher läuft, die Kinder herumtoben und Sie aus den Augenwinkeln die unaufgeräumte Küche sehen, die bald mal gemacht werden sollte, fällt die Konzentration naturgemäß schwer.

Suchen Sie sich daher einen Ort, an dem Sie Ruhe haben und an dem Sie sich wohlfühlen! Manche Autoren schreiben gerne im Bett oder in ihrem gemütlichsten Sessel, andere im

Garten, an der frischen Luft, wieder andere brauchen einen echten Ortswechsel und sind in einem Urlaub am kreativsten. Probieren Sie aus, was Ihnen am besten liegt!

Der Verzicht auf Ablenkung bezieht sich darüber hinaus natürlich auch auf die Geräuschkulisse: Der Lärm einer Straße im Hintergrund kann selbst dem besten Autor den letzten Nerv rauben, auf der anderen Seite ist jedoch auch völlige Stille oft einschüchternd. Eine natürliche Geräuschkulisse wie etwa ein Café hilft manchen, andere schwören auf künstliche Geräusche wie etwa Regen (von einer CD oder aus dem Internet), wieder andere mögen klassische Musik. Allein von Musik mit Gesang ist in der Regel abzuraten.

Entwickeln Sie mit Hilfe von Ort und Geräuschkulisse eine Umgebung, in der Sie kreativ sein können und gerne schreiben, und ergänzen Sie dieses Ritual dann um feste Zeiten und Abläufe. Vielleicht schreiben Sie am besten spät am Abend, wenn der Rest der Familie bereits im Bett liegt, vielleicht sind Sie aber auch am frühen Morgen mit aufgeräumtem Kopf am einfallsreichsten und stehen deshalb einfach eine Stunde früher auf. Womöglich sind Sie sogar der Typ, der fünf Tage die Woche nichts macht, um dann am Wochenende zwei Tage lang von morgens bis abends durchzuarbeiten.

Finden Sie es heraus und, wenn Sie es mit dem Schreiben ernst meinen, legen Sie sich einigermaßen feste Abläufe zurecht, um einen Rhythmus zu entwickeln! Denn selbst wenn Schreiben zumindest anfangs nur ein Hobby für Sie sein mag, lernen wir auch in Hobbys nur durch häufige Wiederholung in regelmäßigen Abständen.

Vielleicht hilft es Ihnen, das Schreiben wie eine Sportart, wie Fitness- oder Ausdauertraining anzusehen: Trainieren Sie nur alle paar Wochen, machen Sie keine Fortschritte. Ebenso wenig kommen Sie voran, wenn Sie zwar jede Woche brav im Fitnessstudio erscheinen, aber immer zu unterschiedlichen Zeiten immer unterschiedliche Übungen ausführen. Wirklich in Fleisch und Blut geht das Training erst über, wenn Sie es zu einer festen Gewohnheit machen, sich auch von Rückschlägen nicht entmutigen lassen, sondern ihm konzentriert und mit einem klaren Ziel vor Augen nachgehen.

Software für Autoren

Ein Autor braucht nur Zettel und Stift, könnte man sagen, und das ist nicht verkehrt, natürlich gibt es aber unzählige Hilfsmittel, die einem Autor von heute das Leben außerordentlich erleichtern. Während die Ideenfindung tatsächlich noch am besten auf Papier stattfindet, können spätestens in der Planungsphase verschiedene Programme sinnvoll zum Einsatz kommen.

Sowohl für Buch- als auch Drehbuchautoren, vor allem aber für erstere, ist ein komplexes Schreibprogramm wie Scrivener oder Storyist durchaus sinnvoll, das es Ihnen erlaubt, Informationen rund um Setting, Charaktere und Plot intelligent zu gruppieren und sortieren. Insbesondere, wenn Sie viel World Building und Recherche betreiben müssen, hilft ein solches Programm dabei, den Überblick zu bewahren.

Darüber hinaus erleichtert gerade Scrivener es Ihnen, beim Schreiben einzelne Kapitel getrennt voneinander zu halten, verschiedene Revisionen abzuspeichern, Überarbeitungen zu markieren und später alles problemlos zusammenzufügen. Sämtliche Fähigkeiten des Programms finden Sie online auf www.literatureandlatte.com, sie übersteigen die Features eines

Wortprozessors wie OpenOffice oder LibreOffice bei Weitem und rechtfertigen für Buchautoren durchaus ihren Preis.

Drehbuchautoren hingegen kommen ohne eine echte Drehbuch-Software kaum aus, die ihnen die mit einem normalen Programm enorm schwierige Formatierung abnimmt. Das Standardprogramm der Branche ist Final Draft, das allerdings einen vergleichsweise geringen Funktionsumfang bietet und aufgrund einer nur selten fehlerfreien Entwicklungsgeschichte immer wieder für Frust gesorgt hat, in der aktuellen Version jedoch seinen Job erfüllt.

Die etwas bessere Alternative ist Movie Magic Screenwriter, in seinem Funktionsumfang sowie seiner intuitiven Bedienung Final Draft einen Tick überlegen, allerdings ähnlich unattraktiv – beide Programme gewinnen keine Schönheitspreise. Leider konnten sich etwas moderner angehauchte Programme bis heute nicht durchsetzen, auch das weitgehend kostenlose CeltX nur sehr bedingt, das zum Einstieg aber dennoch eine gute Wahl darstellt, da es Ihnen ohne Investition erlaubt, ein Drehbuch in dem bekannten Format zu schreiben.

Sollte es Ihnen gelingen, Ihr Drehbuch zu verkaufen, ist in der Regel allerdings der Wechsel zu Final Draft oder Movie Magic Screenwriter fällig, um die Kompatibilität zu gewährleisten.

Eine mögliche Alternative stellt das noch recht neue und auf Wunsch vollständig im Web-Browser laufende WriterDuet (www.writerduet.com) dar, das mit dem Final-Draft-Format umgehen kann. Eine leicht eingeschränkte Variante der „App“ ist kostenlos nutzbar.

Ein Fahrplan zum eigenen Buch

Es gibt Bücher, die Ihnen versprechen, Sie einen Roman in 30 Tagen schreiben zu lassen, oder die Ihnen weismachen wollen, es gäbe eine simple Formel, wie ein Buch nicht nur einen Verlag findet, sondern auch noch zum Bestseller wird. Beides ist natürlich Quatsch; den Erfolg kann Ihnen niemand garantieren und in 30 Tagen schaffen 99 von 100 Autoren vielleicht einen ersten Entwurf aber kein komplettes Buch. Dennoch finden diese Bücher ihre Käufer, weil sie ihren Lesern einen klaren Fahrplan mit an die Hand geben: Heute machst Du dies, morgen das und übermorgen bist Du Millionär!

So weit wollen wir hier natürlich nicht gehen, aber es ist gut möglich, dass Sie sich angesichts all der aufgeführten Informationen sowie Techniken ein wenig überwältigt fühlen und nicht wissen, womit Sie eigentlich anfangen sollen und wie Sie das alles unter einen Hut bringen können. Deshalb wollen wir Ihnen hier ebenfalls einen kleinen, aber sehr realistischen, viele vorherige Informationen wiederholenden Fahrplan anbieten, an dem Sie sich orientieren können, wenn Sie sich an einen Roman oder ein Drehbuch wagen.

Beginnen wir mit der vielleicht wichtigsten Frage: Wie viel Zeit sollten Sie für Planen, Schreiben und Überarbeiten jeweils einplanen?

Natürlich hängt die Antwort wie so oft von unzähligen Faktoren ab – wie lange möchten oder können Sie pro Tag schreiben, wie schnell schreiben Sie, wie viel Recherche ist dafür notwendig, wie umfangreich wird das Werk –, aber grundsätzlich ist ein Zeitraum von 100 bis 120 Tagen für ein typisches Buch oder Drehbuch ein guter Rahmen, wenn Sie es schaffen, pro Tag im Schnitt vielleicht zwei Stunden intensiv und konzentriert an Ihrem Projekt zu arbeiten.

Die grobe Aufteilung kann dabei lauten: Ein Drittel planen, ein Drittel schreiben, ein Drittel überarbeiten. Der ein oder andere plant gerne etwas kürzer oder länger, der andere nimmt sich mehr Zeit fürs Schreiben, wieder ein anderer tippt den ersten Entwurf möglichst schnell runter und rechnet dafür mehr Zeit für die Überarbeitung ein. Was Ihnen am besten liegen, wissen Sie vermutlich selbst – und wenn nicht, finden Sie es im Laufe der Zeit von alleine heraus.

Gerade absoluten Anfängern möchten wir aber, wie schon zuvor erwähnt, noch einmal die unbedingte Empfehlung geben, die Planungsphase nicht zu früh zu beenden, also nicht, bevor sämtliche Plotpunkte und insbesondere auch das Ende komplett ausgearbeitet sind. Denn nichts wird Sie mehr frustrieren und letzten Endes womöglich gar vom weiteren Schreiben abhalten, als wenn Sie nach hundert Seiten feststellen, dass Ihre Geschichte ins Nichts führt.

Darüber hinaus will ich Ihnen auch noch einmal ans Herz legen, nicht nur am Computer zu sitzen und jegliche Notizen in ein Word-Dokument zu tippen, sondern vor allem in der Planungsphase öfter mal den Computer auszuschalten und mit Zettel und Papier zu arbeiten. Ohne Ablenkungen vor den Augen arbeitet es sich konzentrierter, der Stift in der Hand gibt Ihnen das Gefühl, wirklich aktiv zu sein, und die nicht vorhandene Backspace-Taste schützt vor der fiesen Selbstzensur. Geben Sie Ihren Ideen eine Chance – egal, wie blöd sie auch klingen mögen!

Es ist sinnlos, jeden einzelnen der besagten 100 bis 120 Tage schon im Voraus zu verplanen, Ihnen für jeden Tag eine einzelne, konkrete Aufgabe an die Hand zu geben, denn das wirkt schlichtweg einschränkend.

Stattdessen wollen wir unseren Weg zum Ziel tatsächlich wie den Fahrplan wie, sagen wir, eines Zuges betrachten, bei dem die Zeitangaben bekanntermaßen auch nur grob der Realität entsprechend und sich tatsächlich von Fahrt zu Fahrt ändern. Mit dem Unterschied, dass Sie bei diesem Fahrplan keine Angst haben müssen, einen Anschluss zu verpassen.

Station 1: Die Idee – Ankunft: Tag 10

Vermutlich haben Sie schon eine Idee für Ihre Geschichte, denn sonst würden Sie diese Reise gar nicht erst antreten. Dennoch sollte der erste Schritt immer lauten, diese Idee in klare Worte zu fassen, zu formulieren und ihr Potential einzuschätzen sowie auszuschöpfen.

Folgende Fragen können dabei helfen:

- Warum finde ich diese Idee interessant und erzählenswert?
- In welcher Hinsicht ist diese Idee auch für andere Menschen von Bedeutung?
- Was unterscheidet diese Idee von den tausend anderen Geschichten in ihrem Genre?
- Erzeugt die Idee alleine schon Fantasie und Spannung, wirft sie Fragen auf, die beantwortet werden wollen?
- Kann ich einen potentiellen Lesern in wenigen Sätzen davon überzeugen, meiner Idee eine Chance zu geben?

Der Hintergrund der ersten Frage erschließt sich von selbst: Sie müssen Ihre Idee als erstes spannend und wichtig finden, denn wenn nicht einmal Sie als Autor sich wirklich für die Idee begeistern können, wer soll es dann tun?

Machen Sie sich selbst bewusst, was genau Sie an dieser Idee so begeistert und notieren Sie es!

Gleichwohl gilt es, nicht in die Falle zu tappen, eine viel zu selbstbezogene Geschichte zu erzählen, die Ihnen vielleicht Genugtuung verschaffen mag, aber für einen fremden Leser vollkommen ohne Belang ist. Darauf zielt die zweite Frage ab: Warum sollten sich andere Menschen für diese Idee begeistern können? Ist es ein aktuelles Thema, das alle betrifft? Geht es um ein Gefühl, das jeder kennt? Oder ist es einfach nur die spannende oder lustige Ausgangssituation, die Ihnen Leser bescheren soll?

Versetzen Sie sich in einen Leser und fragen Sie sich, was ihn an der Idee begeistern soll!

Auf etwas Ähnliches zielt die nächste Frage ab, denn auch wenn es natürlich einen (mitunter sogar äußerst großen) Markt für „Me too"-Bücher gibt, also Romane und Filme, die häufig sogar bewusst exakt das Gleiche machen wie alle in ihrem Genre, so sollte jeder Autor doch zumindest den Wunsch haben, etwas wirklich Einzigartiges zu erschaffen und das Genre um zumindest ein kleines Detail zu bereichern. Was hebt Ihre Idee aus der Masse hervor?

Versetzen Sie sich in einen Lektor, der in diesem Monat bereits hundert Vorschläge gelesen hat: Was soll ihn an an Ihrer Idee begeistern?

Immer hilfreich ist es zudem, wenn die Idee bereits gewisse Fantasien, Hoffnungen und Erwartungen im Leser weckt, die im Laufe der Buchs entweder erfüllt oder zerschlagen werden können, um ihn zu überraschen. Das steht klar in Verbindung mit der fünften und letzten Fragen: Wie würden Sie einen potentiellen Leser in maximal zwei Minuten von Ihrer Idee überzeugen – beziehungsweise zumindest den Wunsch in ihm wecken, Ihrer Idee eine Chance zu geben?

Formulieren Sie Ihre Idee kurz und knackig wie den Text auf der Rückseite eines Buches oder einer DVD: Eine klare Prämisse (Ausgangssituation), ein interessanter Charakter und Konflikt sowie zwei bis drei offene, angedeutete Fragen sind die Eckpfeiler einer spannenden Idee.

Es ist nicht Ihre Aufgabe als Autor, es jedem Recht zu machen. Wenn Sie ein Buch nur mit dem Gedanken schreiben, eine bestimmte Zielgruppe zu erreichen, einen Erfolg nachzuahmen, dann ist die Wahrscheinlichkeit des Scheiterns groß. Aber Sie müssen eine Begeisterung für Ihre Idee und für Ihre zu entwickelnde Geschichte verspüren, um sie schreiben zu können, und Sie müssen in der Lage sein, diese Begeisterung zu teilen.

Schreiben Sie über etwas, das in Ihnen Gefühle weckt, das aber auch in der Lage ist, Fremde zum Mitfiebern, Lachen oder Weinen zu bringen!

Station 2: Entwicklung & Outline – Ankunft: Tag 30
Die nächsten knapp zwanzig Tage verbringen Sie damit, Ihre Idee zu entwickeln, aus den vier, fünf Sätzen, mit denen Sie begonnen haben, eine Geschichte zu erschaffen, die um die neunzig Minuten oder dreihundertfünfzig Seiten trägt.

Es gibt, wie schon zuvor erwähnt, viele Möglichkeiten, um Charakter, Setting und Plot zu entwickeln. Die einfachste ist es jedoch, auch hier mit Fragen zu arbeiten:

- Wer sind Protagonist und Antagonist, was sind ihre Stärken und Schwächen, ihre Ziele und ihre Träume? Was treibt sie an?
- Was ist das Problem des Protagonisten zu Beginn der Geschichte, was muss passieren, damit er sich verändert und wie verändert er sich? Was ist bzw. war das Problem des Antagonisten und warum hat er es nicht geschafft, sich zu ändern?
- Welche Nebenfiguren können da sein, welche Funktion – Hindernisse, Hilfen – üben sie aus und was macht sie zu einem gewissen Grade einzigartig?
- Vor welchem Hintergrund spielt sich Ihre Geschichte ab und wie wirkt sich das Setting auf diese Geschichte im Großen und Kleinen aus?
- Welche internen und externen Hindernisse muss der Protagonist im Laufe der Geschichte überwinden und wie arbeitet der Antagonist dagegen an? Was ist das Schlimmste und was das Überraschendste, das in jedem Moment passieren könnte?

Charakter, Setting und Plot sind unmittelbar miteinander verknüpft, weshalb es nicht sinnvoll ist, hier eine zeitliche Arbeitstrennung vorzunehmen und zum Beispiel zu sagen: „Heute entwickle ich meinen Protagonisten, morgen den Antagonisten und übermorgen kümmere ich mich ums Setting!“

Vielmehr ist die Entwicklung nicht mehr und nicht weniger als das Ansammeln und Ausarbeiten unzähliger möglicher (!) Elemente, die sich in Charakter, Setting und Plot wiederfinden können, aber nicht müssen.

Manche Ideen mögen Sie in die Backstory Ihrer Figuren schreiben, ohne sie im Buch später jemals zu erwähnen, andere werden Sie schlichtweg gänzlich außen vor lassen. Immer jedoch interagieren die drei Elemente miteinander.

Nehmen wir an, Sie geben Ihrem Protagonisten als Teil des Charakters mit auf den Weg, dass er Alkoholiker auf Entzug ist. Das mag seine Persönlichkeit zu einem gewissen Grade geprägt haben, für Ihre Geschichte ist es jedoch kaum von Belang, bis Sie mögliche Verbindungen in Setting und Plot suchen.

Was wäre, wenn er direkt über eine Bar wohnt, aus der er jeden Abend das laute Gelächter derer hört, die sich dort amüsieren? Oder wenn eine Szene im Verlauf der Geschichte in einer Bar spielt? Vielleicht muss er sich als Barkeeper irgendwo einschleusen? Vielleicht arbeitet er undercover und muss das Vertrauen seines „Bosses“ erarbeiten, der gerne trinkt und ihm immer wieder etwas anbietet, ihm misstraut, wenn er ablehnt. Oder wenn der Antagonist von seiner Schwäche weiß und ihm auf irgendeine Art und Weise Alkohol zuführt?

In dem Fall führt Charakter zu Setting und Plot, aber es funktioniert natürlich in alle Richtungen:

Das Setting kann sich ebenso auf Charakter und Plot auswirken wie der Plot auf Setting und Charakter.

Wenn Sie beispielsweise wissen, dass ein Teil der Geschichte auf einer Rennbahn spielt und der Protagonist womöglich sogar ein Pferd reiten soll bzw. muss, könnten Sie ihn zu einem begabten Reiter machen – oder aber ihm eine wahnsinnige Angst vor Pferden mit auf den Weg geben, weil er als Kind von einem Pferd getreten wurde oder erlebt hat, wie ein Freund von einem Pferd gestürzt ist.

Suchen Sie immer mögliche Verbindungen zwischen Charakter, Setting und Plot und stellen Sie dabei Fragen: Wie könnte sich eine Idee in einem der drei Bereiche auf die anderen beiden Bereiche auswirken, sowohl im Positiven als auch im Negativen?

Entscheiden Sie sich für die interessantesten Lösungen, die überraschend sein können, dabei jedoch das Fremde mit dem Bekannten kombinieren!

Am Ende der Planungsphase steht sinnvollerweise die Outline, die Ihnen einen Überblick über sämtliche Elemente des Plots verschafft und Lücken aufzeigt. Insbesondere, wenn Sie mit mehreren Erzählperspektiven und verschiedenen Handlungssträngen arbeiten, können Sie anhand der Outline Erzähltempo und Stringenz überprüfen und mit leichten Veränderungen, etwa an der Reihenfolge, kleine Verbesserungen vornehmen.

Station 3: Der erste Entwurf – Ankunft: Tag 70

Mehr noch als Idee, Planung und Überarbeitung ist die benötigte Zeit für den ersten Entwurf enorm von Ihrem persönlichen Tempo und der zur Verfügung stehenden Arbeitszeit abhängig, denn während der Kopf an Idee und Entwicklung – egal, ob bewusst oder unbewusst – den ganzen Tag arbeiten kann, ist das Schreiben des ersten Entwurfes wirklich nur in stundenlanger, konzentrierter Arbeit vor dem Computer möglich.

Dennoch ist es sinnvoll, sich im Voraus ein gewisses Zeitlimit zu setzen, um nicht den Fehler zu machen, schon im ersten Entwurf jeden Satz drei Mal zu überarbeiten, bevor man zum nächsten übergeht. Falls Sie Ihr eigenes Tempo anfangs noch nicht abschätzen können, probieren Sie zwei, drei Tage lang aus, was Sie schaffen, wenn Sie schnell und konzentriert arbeiten – und setzen Sie sich dann anhand der gewonnenen Eindrücke eine weder zu knappe noch zu großzügige Deadline!

Für das Schreiben an sich gibt es nur wenige echte Tricks, denn einen guten, spannenden Schreibstil kann man nur durch das Lesen und Üben entwickeln, aber kaum lehren, schon gar nicht in kürzester Zeit. Dennoch gibt es zumindest ein paar kleine Kniffe, die Ihnen vielleicht helfen können:

Erschaffen Sie eigene Bilder und Vergleiche!

Klischees existieren nicht nur in Hinblick auf Plotpunkte und Charaktere, sondern auch in der simplen Wortwahl: „Was er sah, war wie ein Unfall: Schrecklich – und doch konnte er nicht wegschauen“, das war vor ein paar Jahren durchaus einfallsreich, bis es auch der Letzte ein dutzend Mal gelesen oder gehört hatte. Lassen Sie sich stattdessen etwas Eigenes einfallen, denn passende, nachvollziehbare, aber doch neu wirkende Vergleiche können gleichermaßen lustig wie aufschlussreich sein.

Suchen Sie offen nach möglichen Parallelen: Sind Handys zum Beispiel nicht ein bisschen wie Zigaretten? Früher zog man an einer Zigarette, wenn man Langeweile hatte, sich beruhigen wollte, heute ist das verpönt, also greift man zu seinem Handy? Gibt es nicht sogar junge Menschen, die nach dem Sex als erstes zum Handy auf dem Nachttisch greifen und im Web surfen oder ihre E-Mails checken wie einst zur Zigarette danach? Könnte man vielleicht sagen: Handys sind die Zigaretten unserer Zeit?

Auch zu direkte Beschreibungen wie „Es war eiskalt" zeugen von geringer Kreativität oder zumindest von einem mangelnden Interesse des Autors, die Szene interessant zu beschreiben. Malen Sie stattdessen ein Bild, beschreiben Sie die Eiszapfen, die an den Häusern hingen, die dick verpackten und doch bibbernden Menschen, deren jeder Atemzug die Luft in einen Nebel hauchte, ihre vorsichtigen Schritte über den glatten Asphalt – und den Hund an der Leine, der sich kaum auf den Beinen halten konnte. Mit anderen Worten:

Erschaffen Sie Stimmung und Atmosphäre!

Als Leser und Zuschauer wollen wir nicht nur spannende Geschichten hören und interessante Figuren kennenlernen, nein, wir wollen auch aus unserem Alltag in fremde Welten entfliehen. Versuchen Sie, vor dem Schreiben einer Szene die Welt und damit auch Stimmung und Atmosphäre vor Ihrem geistigen Augen wahrzunehmen!

Gucken Sie sich um, atmen Sie die fiktive Luft ein und dann erzählen Sie, was Sie sehen, hören, riechen! Verlieren Sie sich nicht in reinen Ortsbeschreibungen, sondern erklären Sie, was diese Welt ausmacht und – je nach Erzählperspektive – wie Ihre Figuren diese Welt sehen und mit ihr interagieren. Gleichwohl:

Kommen Sie zum Punkt!
Wie schon zuvor erwähnt, sind ausufernde oder zu blumige Beschreibungen ohne jegliche Handlungen in den meisten Romanen (und noch mehr in Drehbüchern) fehl am Platz. Versuchen Sie vielmehr, die Welt anhand von Konflikten zu etablieren, geben Sie Ihren Figuren von Beginn an ein Ziel und zeigen Sie anhand dieses Ziels und der damit verbundenen Hindernisse diese Welt!

Spielen Sie mehrere Möglichkeiten durch...
... und wählen Sie die Interessanteste, die am meisten Spannung, Humor und Konflikte verspricht, wie schon so oft erwähnt und erläutert. Der vielleicht wichtigste Punkt beim Schreiben des ersten Entwurfs ist jedoch:

Vermeiden Sie Perfektionismus!
Wie ebenfalls bereits angesprochen, ist es nicht unüblich, dass unser Gehirn erst einmal zehn bis zwanzig Minuten braucht, um in den „Schreibmodus“ zu schalten: In den ersten Minuten kann jeder Satz schwerfallen, doch je länger Sie dran bleiben, desto schneller und leichter fließen die Worte aus Ihren Fingern. Die größte Bremse ist dabei neben der Ablenkung der Perfektionismus: Wenn Sie alle paar Sätze innehalten, um hier

ein Wort umzustellen und dort einen Rechtschreibfehler zu korrigieren, fällt es schwer, in den besagten Schreibfluss zu gelangen.

Akzeptieren Sie die Schwächen des ersten Entwurfs und blicken Sie über sie hinweg, zum Korrigieren bleibt Ihnen später noch mehr als genug Zeit! Und wenn Sie in der Stoffentwicklung gut gearbeitet haben, gibt es keinen Grund, die Geschichte während des ersten Entwurfs noch ein dutzend Mal umbauen.

Station 4: Die Überarbeitung – Ankunft: Tag 100

Die Überarbeitung schließlich, die ähnlich viel Zeit wie die Planung in Anspruch nehmen sollte, ist für viele Autoren der vielleicht schwierigste Schritt, gilt es hier doch, das eigene Werk realistisch einzuschätzen und Selbstkritik an den Tag zu legen. Der dabei zu beschreitende Grat ist schmal: Manche halten Ihr Buch schon nach dem ersten Entwurf für perfekt und fehlerfrei, wieder andere würden am liebsten alles wegwerfen und von vorne beginnen.

Die Wahrheit liegt wie so oft natürlich dazwischen, denn wirklich perfekt ist keine Geschichte schon nach dem ersten Entwurf, aber auf der anderen Seite lässt sich auch jede gut erarbeitete Geschichte noch retten, so schlecht der erste Entwurf mitunter klingen mag.

Im Grunde gibt es daher nur zwei Tipps, die in der Überarbeitung wirklich helfen:

1. Gewinnen Sie Abstand!

Nach siebzig Tagen oder mehr, in denen man sich intensiv mit einer Geschichte befasst hat, kann man sich nicht umgehend ein ansatzweise objektives Bild von ihrer Qualität, von Stärken und Schwächen machen. Auch wenn Sie schnell fertig werden wollen, nehmen Sie sich daher etwas Zeit, schreiben Sie etwas anderes oder lesen Sie ein, zwei andere Bücher, bevor Sie sich wieder Ihrem Werk widmen!

2. Haben Sie keine Trennungsängste!

Überarbeiten bedeutet zu einem gewissen Grade umschreiben, vor allem aber bedeutet es auch: kürzen. Jede Geschichte gewinnt, wenn Sie überflüssige Sätze, Absätze oder gar Kapitel streichen, das Erzähltempo erhöhen und die Story klarer, direkter, schlüssiger machen. Sie mögen noch so viele geistige Energie in den ein oder anderen Satz gesteckt haben; wenn er überflüssig ist, dann ist er überflüssig und sollte gestrichen werden.

Fällt Ihnen das zu schwer, beginnen Sie damit, ein zweites Word-Dokument als Ablage zu öffnen und das „vorerst" Gestrichene aus dem Buch auszuschneiden und in eben jene Ablage zu kopieren. Vielleicht können Sie die schönsten Sätze ja ein anderes Mal gebrauchen.

Nach den verschiedenen, zuvor erwähnten Überarbeitungen, die sich jeweils auf verschiedene Bestandteile – Plot, Charakter, Setting, vielleicht auch Stil – konzentrieren, haben Sie es im Grunde geschafft: Ihr erstes Buch ist von Ihrer Seite aus fertig. Was Sie nun damit anfangen, liegt ganz bei Ihnen!

Nachwort

Ich hoffe, ich konnte Ihnen mit diesem Werk die wichtigsten Schritte auf dem Weg zum eigenen Buch oder Drehbuch zeigen. Das vielleicht größte Problem dabei mag dabei mag gerade in der Stoffentwicklung die „beste“ Reihenfolge sein. Tatsächlich ist es aber schlichtweg so, dass insbesondere in der Planung eine beste Reihenfolge nicht existiert, weil man als Autor nicht anhand einer simplen Checkliste arbeiten kann, schließlich erschaffen wir Welten, Figuren und Geschichten, wir bauen keine Autos oder Computer zusammen.

Jedes Buch und jedes Drehbuch ist nur eine Ansammlung von Ideen und die wahre Kunst ist es, diese Ideen sinnvoll und stimmig miteinander zu verknüpfen beziehungsweise in Konflikt zueinander zu stellen.

Der vielleicht wichtigste, abschließende Tipp von mir ist daher: Suchen Sie als Autor in Ihren Geschichten nicht die Harmonie, nach der wir als Menschen im Alltag so oft streben, sondern das Gegenteil davon. Suchen Sie Probleme, Schwächen, Auseinandersetzungen und suchen Sie die Harmonie darin, dass Sie einen Helden haben, der diese Konflikte überwinden möchte; er ist – aus welcher Motivation auch immer heraus – das Element der Geschichte, das die Welt zum Guten verändern will. Der Held ist es, an den Sie sich klammern und an den Sie Ihre Hoffnungen hängen sollten, wenn es Ihnen ob des vermeintlichen Mangels an Harmonie schwerfällt.

Trotz größter Mühe meinerseits gibt es vermutlich auch jetzt noch die ein oder andere offene Frage und, wie schon zuvor geschrieben, ist es meistens keine gute Idee, ein Buch mit offenen Fragen enden zu lassen.

Wenn Sie also Fragen haben, die in diesem Buch nicht beantwortet wurden (jedoch beantwortbar sind), lassen Sie mir diese Fragen per Mail an robert@autorwerden.net zukommen und ich werde mir größte Mühe geben, darauf einzugehen.

Vielen Dank fürs Lesen – und viel Spaß beim Schreiben!

Printed in Poland
by Amazon Fulfillment
Poland Sp. z o.o., Wrocław

50726431R00141